Schräder-Naef · Lerntraining für Erwachsene

Konzept und Beratung der Reihe Beltz Weiterbildung:

Prof. Dr. *Karlheinz A. Geißler*, Schlechinger Weg 13, D-81669 München.
Prof. Dr. *Bernd Weidenmann*, Weidmoosweg 5, D-83626 Valley.

Regula Schräder-Naef

Lerntraining für Erwachsene

»Es lernt der Mensch, so lang er lebt«

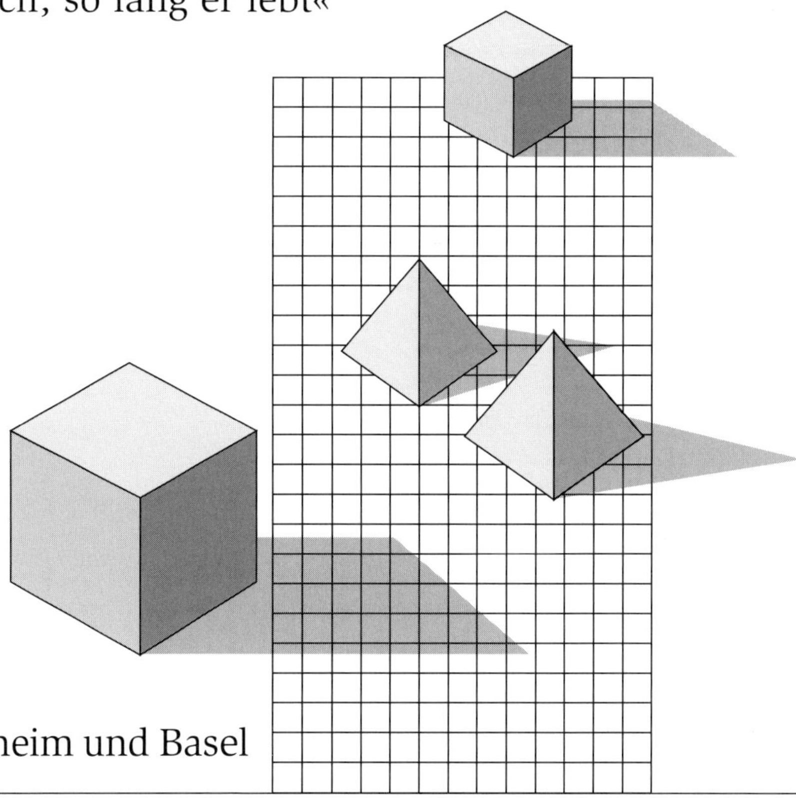

Beltz Verlag · Weinheim und Basel

Regula Schräder-Naef, Jg. 1943, studierte Psychologie in Zürich und Richmond (USA). Sie leitet den Bereich Erwachsenenbildung in der Bildungsdirektion des Kantons Zürich und führt Kurse über Lern- und Arbeitstechniken in Deutschland und der Schweiz durch. Im Beltz Verlag veröffentlichte sie u.a. die Lern- und Studienhilfe »Rationeller Lernen lernen«, die Lernhilfe »Der Lerntrainer für die Oberstufe«, die Ratgeber »Keine Zeit?« und »Informationsflut« sowie den Band »Schüler lernen Lernen« in der Reihe Beltz Praxis.

Besuchen Sie uns im Internet
http:\\www.beltz.de

4., völlig überarbeitete und erweiterte Auflage 1999
Gesetzt nach den neuen Rechtschreibregeln
Lektorat: Ingeborg Strobel

Herstellung: Klaus Kaltenberg
Satz: Satz- und Reprotechnik GmbH, Hemsbach
Druck: Druckhaus Beltz, Hemsbach
Umschlaggestaltung und Grafiken auf den Seiten 3, 9, 29 und 207:
Bernhard Zerwann, Bad Dürkheim
Printed in Germany

ISBN 3-407-36343-5

Inhaltsverzeichnis

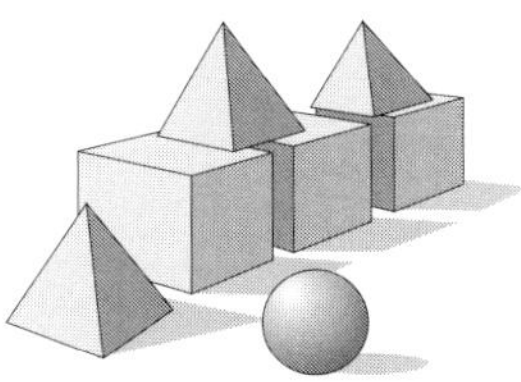

Anhang

Vorwort

Von der Bedeutung des lebenslangen Lernens ist heute jedermann überzeugt. Für einen großen Teil der Bevölkerung genügt auch eine gute Erstausbildung nicht mehr. Weiterbildung ist notwendig, um Erwachsene auf Veränderungen der Arbeitswelt und des Lebensstils vorzubereiten. Angesichts der sinkenden Halbwertszeiten des Wissens, aber auch der gesellschaftlichen und ökonomischen Probleme der Gegenwart reicht das in der Schule Gelernte nicht mehr für das Leben aus. Infolge des Wandels der Berufswelt und der rasanten technologischen Entwicklungen bestimmt die Berufsausbildung immer weniger das spätere Tätigkeitsfeld. Gemäß einer Untersuchung übte 1990 rund die Hälfte aller Erwerbstätigen einen anderen als den erlernten Beruf aus.

Berufstätige aller Bereiche müssen sich weiterbilden. Viele Erwachsene befällt aber eine gewisse Ratlosigkeit, wenn sie vor der Notwendigkeit stehen, neues Wissen in Kursen, Seminaren, Weiterbildungsveranstaltungen, durch Fachbücher oder Fernkurse aufzunehmen. Sie kämpfen mit Selbstzweifeln: Haben sie denn nicht schon oft gehört, dass die Lernfähigkeit mit zunehmendem Alter abnimmt, dass Erwachsene sich nicht mehr gut auf neue Aufgaben einstellen können? Können sie noch Schritt halten mit Jüngeren?

Gerade auch infolge der technischen Entwicklungen droht eine zunehmende Kluft zwischen Nutzern und Nichtnutzern, zwischen Angeschlossenen und Ausgeschlossenen, zwischen Wissenden und Nichtwissenden.

Verantwortliche an Gymnasien, Berufsschulen und Universitäten klagen, dass in den vorbereitenden Schulen nicht gelernt wurde, wie man lernt. Weder Kinder, Jugendliche noch Erwachsenen lernen dies jedoch »automatisch«. Sie eignen sich bei ihren Lernaufgaben zwar bestimmte Vorgehensweisen an, die aber oft nicht sehr rationell sind, im Verhältnis zum Aufwand zu wenig Erfolg bringen. Immer mehr Schulen bemühen sich deshalb, ihren Schülerinnen und Schülern nicht nur Wissensstoff zu vermitteln, sondern auch Anleitungen zum selbstständigen Lernen zu geben. Andere empfehlen entsprechende Fachbücher.

Mein 1971 erstmals erschienenes (und seither vielfach überarbeitetes) Buch »Rationeller Lernen lernen« wendet sich an Erwachsene in der Aus- und Weiterbildung. Es wird vor allem an Universitäten und Fachhochschulen empfohlen und hilft den Studierenden, ihre Lern- und Arbeitsmethoden zu überprüfen und weiterzuentwickeln. Die beschriebenen Situationen und Erläuterungen sind auf Lernende abgestimmt, die gewohnt sind zu lernen, die am Ende einer längeren Ausbildung stehen.

Das vorliegende Buch ist dagegen vor allem für Erwachsene geschrieben, die aus dem Berufs- und Familienleben erneut vor Lernanforderungen gestellt werden. Die Voraussetzungen sind unterschiedlich: Die Lernenden können und müssen mehr eigene Entscheidungen treffen, was, wo und wie sie lernen wollen. Sie müssen Fertigkeiten neu einüben, Gewohnheiten wieder aufbauen, benötigen Informationen und Grundlagen. Aus meinen Kursen für Erwachsene, vielen Gesprächen mit Frauen, die nach der Familienphase wieder ins Berufsleben einsteigen wollen, sowie mit Berufstätigen, die sich weiterbilden, umschulen müssen, habe ich dieses Buch zusammengestellt.

Ich danke Patrizia Stoop-Bruppacher, Andreas Kisch, Mechthild Roggisch, Anette Rosenplänter, Pia Sollberger für ihre Anregungen und das Durchlesen des Manuskripts sowie ganz besonders meinem Mann für seinen Beitrag zum Lernen mit den neuen Medien.

Regula Schräder-Naef

Einleitung

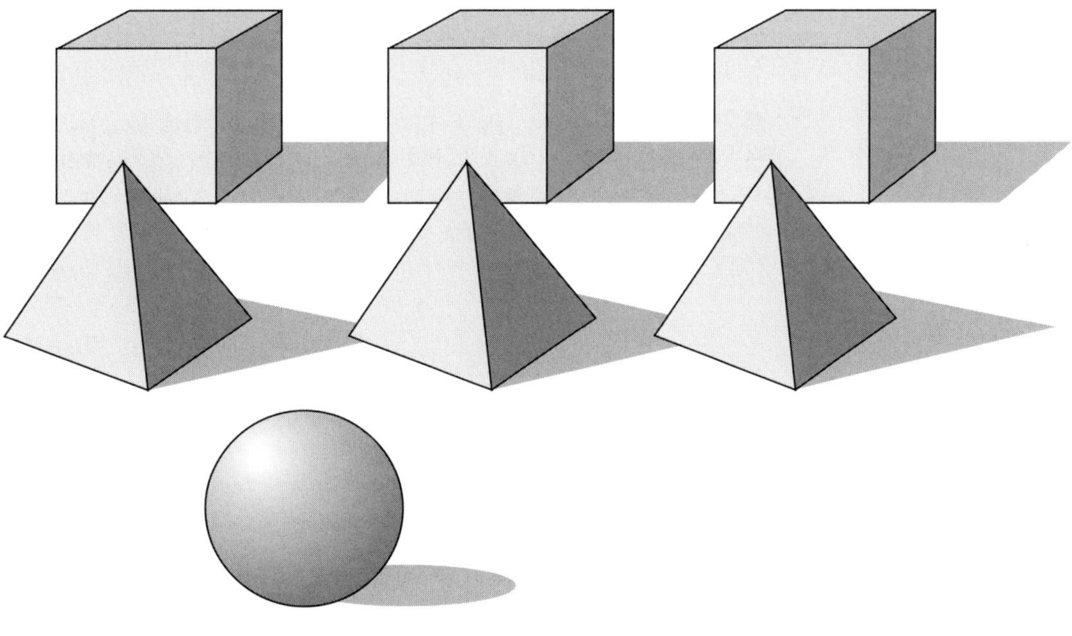

1. Warum lernen?

Frau Meier ist befördert worden. Für ihren neuen Verantwortungsbereich bringt sie infolge ihrer langjährigen Erfahrungen gute Voraussetzungen mit. Manche Aufgaben sind dennoch völlig neu für sie; die einschlägigen Schulkenntnisse liegen weit zurück und sind teilweise überholt.

Während seiner Schulzeit zog Herr Müller mit seiner Familie mehrmals um. Die Umstellung bereitete ihm jeweils Mühe, mit einem Lehrer kam er sehr schlecht zurecht. Schließlich verließ er die Schule ohne Abschluss. Jetzt stört ihn seine mangelnde Allgemeinbildung und er möchte sie gerne auf dem zweiten Bildungsweg nachholen. Allerdings hat er beträchtliche Zweifel an seinem Vorhaben. Wird er den Anforderungen gewachsen sein?

Vor der Geburt ihres ersten Kindes gab Frau Huber ihre Arbeit als Fremdsprachenkorrespondentin auf. Jetzt besucht das Jüngste die Sekundarstufe, und Frau Huber möchte wieder teilzeitlich berufstätig sein. Ihre Sprachkenntnisse hat sie in der letzten Zeit nicht benutzt. Durch die neuen Techniken haben sich die Schreibarbeiten im Büro grundlegend verändert.

Herr Zoller ist in seinem Betrieb ein anerkannter Fachmann. Er wird deshalb gebeten, die Schulung der neuen Mitarbeiter zu übernehmen. Mit Lernmethodik und der Kunst des Vermittelns hat sich Herr Zoller jedoch noch nie befasst. Vor allem fällt es ihm schwer, vor einer Gruppe von Menschen frei zu sprechen. Wie kann er auf seine »Schüler« eingehen, was muss er berücksichtigen, um sie weder zu überfordern noch zu langweilen?

Die geschilderten Fälle haben eines gemeinsam: *Erwachsene wollen oder müssen erneut lernen*, sei es aus Unzufriedenheit mit einer bestehenden Situation, sei es, dass sie vor eine neue Herausforderung gestellt werden.

Lernanlässe gibt es so viele, wie es Menschen gibt. Die Tatsache, dass Erwachsene lernen, muss deshalb eigentlich nicht begründet werden – Lernen gehört zum Menschen. Dank seines gewaltigen Lernvermögens konnte er auf den Erfahrungen früherer Generationen aufbauen und sie weiterentwickeln.

Lernen während des ganzen Lebens

Die Notwendigkeit zu lernen wird für Kinder nicht in Frage gestellt. Es gibt aber immer noch Erwachsene, die sich auf den Standpunkt stellen, dass sie ihre Schul- und Berufsausbildung abgeschlossen haben und deshalb nichts mehr lernen müssen. Dies gilt jedoch – wenn überhaupt – nur in gleich bleibenden Verhältnissen und Berufen. Unsere heutige Welt ändert sich für uns alle immer schneller:

- Unsere Familiensituation stellt uns vor neue Fragen.
- Wir wollen Umweltprobleme erkennen und bewältigen.
- Wir wollen wissen, wie wir unsere Gesundheit erhalten.
- Wir müssen mit technischen Entwicklungen Schritt halten und
- auf neue berufliche Anforderungen reagieren.

»Es lernt der Mensch, so lang er lebt« ist der Untertitel dieses Buches. Es geht heute nicht mehr darum, ob Wissen irgendwann ergänzt werden muss, sondern um Weiterentwicklung während des ganzen Lebens. Wichtig ist nicht nur die Bereitschaft zu lernen, sondern vor allem auch die Fähigkeit, selbstständig neue Inhalte zu erwerben, gezielt zu suchen und zu verarbeiten. Dazu gehört auch die Orientierung, die Fähigkeit, die Lerninhalte entsprechend den eigenen Bedürfnissen auszuwählen, nicht in der Flut der Informationen zu ertrinken.

Ergebnisse einer Schweizer Umfrage zur Weiterbildung

Gemäß einer für die Schweiz repräsentativen Erhebung des Bundesamtes für Statistik zur Weiterbildung bei 6.300 Erwachsenen aus dem Jahr 1993 hatten sich 40 Prozent der 20- bis 74-jährigen Wohnbevölkerung im vorangegangenen Jahr weitergebildet, während 38 Prozent in den vorangegangenen fünf Jahren keine Weiterbildung betrieben hatten. Zwischen Grundausbildung und Weiterbildung bestand ein enger Zusammenhang: 55 Prozent der Personen mit einem Abschluss auf Tertiärstufe (Universität oder Fachhochschule) hatten sich weitergebildet, von den Personen mit einem Abschluss auf Sekundarstufe II waren es 43 Prozent, von den Personen ohne nachobligatorischem Abschluss hingegen lediglich 21 Prozent. Eine 1996 durchgeführte Nachfolgeuntersuchung bestätigte diese Zusammenhänge.

Weiterbildung in Deutschland

Im Jahr 1994 nahmen 42 Prozent der Deutschen im Alter von 19 bis 64 Jahren an organisierter Weiterbildung (Kurse, Vorträge oder Lehrgänge) teil, was einen Zuwachs von fünf Prozent gegenüber 1991 bedeutet. Stärkstes Motiv war der Wunsch, im beruflichen und privaten Alltag besser zurechtzukommen. Die Teilnahme nahm in allen Altersgruppen zu, am höchsten war sie im Bereich der allgemeinen Weiterbildung bei den 19- bis 34-Jährigen, bei der beruflichen Weiterbildung bei den 34- bis 49-Jährigen. Auch hier ergaben sich deutliche Zusammenhänge bei der Aufteilung nach Vorbildung. Unterschiedlich vertreten waren auch die Berufsgruppen: Die höchste Teilnahmequote zeigten die Beamten, die geringste die an- und ungelernten Arbeiter.

Die Zahlen (s. Kasten) belegen, dass sich ein beträchtlicher Teil der Erwachsenen in Kursen weiterbildet und dass darunter vor allem jene sind, die über eine gute Erstausbildung verfügen, während unter jenen, die nur eine schwache Schulbildung haben, die Gruppe der »Verweigerer« am größten ist.

Zwei Schlussfolgerungen lassen sich daraus ziehen:

- Wer gut ausgebildet ist, erkennt die Wichtigkeit einer ständigen Weiterbildung am klarsten.
- Erwachsene mit wenig Schulbildung haben oft eine abwehrende Haltung gegenüber dem Lernen; sie verbinden es mit negativen Erfahrungen und sehen somit keinen Anlass, sich freiwillig damit auseinander zu setzen.

Die genannten Zahlen betreffen nur die Erwachsenenbildung im engeren Sinne, nämlich das Lernen in geplanten Kursen mit Lehrpersonen. Noch weit mehr lernen Erwachsene jedoch durch Bearbeiten von Fachbüchern und -zeitschriften, durch innerbetriebliche Weiterbildung, Gruppenarbeiten, Computerprogramme oder durch Bildungsfernsehen.

Einen wichtigen Anlass zur Weiterbildung im Erwachsenenalter stellen der Wunsch oder die Notwendigkeit dar, sich auf berufliche Anforderungen vorzubereiten. Folgende Zielsetzungen lassen sich unterscheiden:

Berufliche Motive für die Weiterbildung

- In vielen Bereichen veraltet das Wissen sehr rasch, anderes gerät in Vergessenheit. In manchen Berufen ist eine ständige Fortbildung erforderlich, um mit neuen Entwicklungen Schritt zu halten und gleich bleibend leistungsfähig zu sein.
- Andere planen einen beruflichen Aufstieg, ihre Karriere, und bilden sich weiter, um Zusatzqualifikationen zu erwerben.
- Aus den Erfordernissen des Arbeitsmarktes oder aus persönlichen Neigungen bleiben viele nicht bei dem Beruf, den sie ursprünglich erlernt haben: Sie satteln um und bereiten sich auf einen Zweitberuf vor.
- Es gibt immer weniger Arbeit für Unqualifizierte. Teils infolge der fortschreitenden Automatisierung, teils infolge der zunehmenden Verlagerung derartiger Tätigkeiten ins Ausland, nimmt der Anteil der Arbeiten, die von Ungelernten ausgeführt werden können, laufend ab.
- Viele Erwachsene haben – aus welchen Gründen auch immer – bei der Erstausbildung nicht jenen Stand erreicht oder den Beruf erlernt, der ihren Fähigkeiten entspricht. Sie erwerben über eine *Nachholbildung* die entsprechenden Qualifikationen.

Im *privaten Bereich* ergeben sich in der Familie, aus der Gestaltung der Freizeit, dem Engagement in der Gesellschaft ebenfalls viele Ansätze zum lebenslangen Lernen. Oft sind es die Unzufriedenheit mit der eigenen Situation oder kritische Lebensereignisse, aus denen der Wunsch entsteht, sich mit neuen Gedanken und Ideen auseinander zu setzen. Eine Scheidung, der Wegzug der Kinder, der Verlust des Arbeitsplatzes, der Eintritt in den Ruhestand können das Bedürfnis wecken, neue Kontakte zu suchen, Anregungen zu finden, sich umzuorientieren.

Zu den wichtigsten Anstößen gehören:

Private Weiterbildungsmotive

- Der Wunsch, mehr über sich zu erfahren, sich weiterzuentwickeln, mit Krisen oder neuen Situationen fertig zu werden (Beispiel: psychologische und pädagogische Kurse).
- Die zwischenmenschlichen Beziehungen in Partnerschaft, Familie, unter Nachbarn und im Freundeskreis zu vertiefen und verbessern, sich auf die Elternrolle vorzubereiten und in verschiedenen Phasen (Kleinkinder, Schulprobleme, Pubertät) zu bewältigen, mehr über die Einflüsse zu erfahren, die in einer Gruppe wirksam sind.
- Der Wunsch, die gesellschaftlichen Kräfte und Zusammenhänge besser zu verstehen, sich als mündiger Bürger in der Politik zu engagieren, bessere Voraussetzungen zu haben, um Verantwortung für eine Mitgestaltung der Umwelt zu übernehmen.
- Das Bedürfnis, seine Freizeit sinnvoll zu gestalten, nach einem Gegengewicht zur einseitigen beruflichen oder familiären Belastung und Beanspruchung zu suchen, seine Interessen, seine musischen und handwerklichen Fertigkeiten weiterzuentwickeln, seine Neugierde wachzuhalten – nicht zuletzt auch im Hinblick auf spätere Lebensphasen ohne Familie oder ohne Beruf.

Die Weiterbildung Erwachsener umfasst somit den gesamten Lebensbereich. Wir lernen nicht nur aus einer äußeren Notwendigkeit, um die von andern geforderten Anpassungsleistungen zu erbringen und uns beruflich zu qualifizieren, sondern auch aus dem eigenen Wunsch nach Selbstentfaltung und persönlicher Weiterentwicklung.

Ob einzelne Kurse, Lehrgänge oder ganze Ausbildungen besucht werden, ob ein Abschluss oder Schlussdiplom angestrebt wird oder nicht – in der heutigen Zeit ist Lernen für das ganze Leben sinnvoll.

Die Unterscheidung von beruflich anwendbaren Kenntnissen und anderen ist letztlich ohnehin künstlich. Oft lassen sich die beiden Bereiche nur schwer trennen: Persönlichkeitsbildende Kurse vermitteln uns mehr Selbstvertrauen und Sicherheit im Auftreten, fördern unsere Fähigkeit zur Zusammenarbeit, zeigen uns, wie wir Informationen besser oder kritischer verarbeiten. Diese Kenntnisse sind auch für unsere berufliche Tätigkeit von Bedeutung. Umgekehrt wirken sich berufliche Erfahrungen auf unser Privatleben aus.

Durch die lebenslange Weiterbildung fördern wir zudem unsere eigene geistige Gesundheit: Nur das lernende Gehirn bleibt leistungsfähig, wird es nicht gefordert, verkümmert es dagegen. Wie Untersuchungen zeigen, hängt die Leistungsfähigkeit des Gehirns wesentlich von den Übungsmöglichkeiten ab. Durch ständiges geistiges Training bleibt die Lernfähigkeit und damit die Fähigkeit der selbstständigen Lebensbewältigung bis ins hohe Alter erhalten.

Da das Bedürfnis zu lernen dem Menschen angeboren ist, wäre eigentlich alles in schönster Ordnung. Probleme ergeben sich jedoch daraus, dass viele Jugendliche und Erwachsene ihre ursprüngliche Lernfreude verloren haben und ihr Vertrauen in die eigene Lernfähigkeit gering ist. Von Lehrern, Eltern oder Mitschülern wurde ihnen während ihrer Schulzeit die negative Einstellung vermittelt:

Lernhindernisse

- »Lernen ist für mich zu schwierig.«
- »Nur Dumme stellen Fragen.«
- »Meine Bemühungen führen nur zu Misserfolgen und Geringschätzung durch andere.«
- »Ich verstehe das ohnehin nicht!«

Viele haben nicht gelernt zu lernen und verbinden den Begriff nur mit negativen Schulerfahrungen und der Aufnahme von vorgegebenen Inhalten: Sie wissen, wie man belehrt wird, und nicht, wie man selbstständig lernt, selbst an Informationen kommt, Wissen aufnimmt, kritisch hinterfragt.

In einer besonderen Situation befinden sich Frauen, die ihre Mütter als Hausfrauen erlebten und sich als Jugendliche nicht bereits gegen Familie und Kinder entscheiden wollten. Sie haben ihre Ausbildung weniger auf eine spätere Karriere oder für eine ständige Berufstätigkeit geplant, sondern nur kurzfristige Entscheidungen getroffen. Im Berufsleben oder bei der Planung eines Wiedereinstiegs ergeben sich daraus Probleme, Selbstzweifel oder das Bedürfnis, das Versäumte nachzuholen.

Es gibt viele Bücher, die Schülerinnen und Schülern Lerntechniken vermitteln. Sie beziehen sich jedoch vorwiegend auf das schulische Lernen, auf das Lernen durch Unterricht, für einen Abschluss. Das vorliegende Buch richtet sich an alle, die im Erwachsenenalter wieder oder weiter lernen wollen und nach verwertbaren Ratschlägen suchen, wie sie dies möglichst kräftesparend und mit gutem Erfolg tun können. Im Vordergrund steht die Selbstständigkeit: Entsprechend den persönlichen Zielsetzungen suchen Erwachsene nach eigenen Wegen zur Auseinandersetzung mit neuen Inhalten und beim Erwerb neuer Fertigkeiten.

Zusammenfassung

- Es gibt viele Gründe zu lernen.
- Schon heute stellt es nicht die Ausnahme, sondern die Regel dar, dass während des ganzen Lebens immer wieder gelernt wird.
- Diese Tendenz wird in Zukunft noch zunehmen.
- Aus diesen Gründen ist es für jeden Erwachsenen wichtig, seine Einstellung zum Lernen zu überprüfen und zu einer positiven Einschätzung zu kommen.
- Hilfreich sind dabei rationelle Lernmethoden, selbstständiges Lernen.

Persönliche Schlussfolgerung

Welche Einstellung habe ich zum Lernen?

Warum will ich lernen?

Das vorliegende Buch befasst sich mit einer Vielzahl von Problemen und Aspekten, denen Erwachsene begegnen, wenn sie wieder oder weiter lernen wollen. Nicht alle werden für Sie gleichermaßen aktuell sein. Das Buch muss deshalb nicht Seite für Seite bearbeitet werden. Der nachfolgende Fragebogen zeigt Ihnen, welche Fragen diskutiert werden und auf welchen Seiten die Antworten dazu zu finden sind. Überlegen Sie sich, welches Ihre Hauptanliegen sind und in welcher Reihenfolge Sie deshalb die verschiedenen Kapitel angehen wollen.

Fragebogen

Über welche Gebiete möchte ich mehr erfahren?	Betrifft mich		Seite	Meine Reihenfolge
	sehr	ziemlich		
Ich möchte wissen, wie ich am besten lernen kann			38	
Ich fürchte manchmal, den Anforderungen nicht gewachsen zu sein			38	
Ich frage mich, ob Erwachsene noch so lernen wie Kinder			18	
Es fällt mir schwer, für alle Anforderungen (Beruf, Weiterbildung, Familie, eigene Interessen) genügend Zeit zu finden			72	
Es fällt mir schwer, den Überblick über große Stoffgebiete zu behalten			185	
Ich möchte die Vor- und Nachteile verschiedener Lernwege kennen lernen			109	
Mit meiner Notizentechnik bin ich nicht zufrieden			134	
In großen Bibliotheken finde ich mich nicht zurecht			109	
Ich möchte mich in der Informationsflut besser zurechtfinden			114	
Ich habe oft Mühe, mich zu konzentrieren			99	
Das Ergebnis von Gruppenarbeiten ist oft enttäuschend			149	
Es bereitet mir Mühe, aus Fachbüchern zu lernen			120	
Ich leide unter Prüfungsangst			191	
Ich habe Schwierigkeiten, mich schriftlich klar auszudrücken			196	
Ich möchte verschiedene Ordnungssysteme kennen lernen			173	
Ich wüsste gerne, wie ich den Lernstoff für mich zusammenfassen und aufbereiten kann			127	
Mit den neuen Informationsmedien kenne ich mich nicht aus			142	

2. Lernen Erwachsene anders als Kinder?

Nach weit verbreiteten Vorurteilen lernen Kinder am leichtesten, während Erwachsene umso mehr Mühe damit haben, je älter sie sind. In der Tat lassen sich Untersuchungen zitieren, die die Lernfähigkeit älterer Personen mit jener von jüngeren vergleichen und zu schlechteren Resultaten der Älteren kommen. Dennoch ist die früher oft gezogene Schlussfolgerung falsch, dass die Intelligenz oder die geistige Leistungsfähigkeit bereits mit 30 Jahren wieder abzusinken beginnt. Die entsprechenden Untersuchungen weisen methodische Fehler auf. Vor allem zwei Tatsachen ergeben sich aus der näheren Prüfung der Ergebnisse:

Die Lernfähigkeit hängt nicht vom Alter ab

- Vergleicht man nicht einfach verschiedene Altersgruppen miteinander, sondern verfolgt die Entwicklung der einzelnen Personen über bestimmte Lebensphasen hinweg, ist ein Absinken der geistigen Fähigkeiten nicht feststellbar. Der menschliche Lebenslauf folgt keinem zwingenden, allgemein gültigen Verlauf. Die Leistungsfähigkeit wird von den Lebensumständen, den Anforderungen des Berufes und dem Gesundheitszustand beeinflusst. Wichtig für die weitere Entwicklung ist vor allem die »Ausgangsbegabung«, d.h. die im Jugendalter vorhandene Leistungsfähigkeit. So lässt sich erkennen, dass die Unterschiede zwischen den Menschen sehr groß sind und mit zunehmendem Lebensalter noch wachsen. Demgegenüber sind die Einflüsse des Lebensalters nur gering.
  Der Lebenslauf und die Lebensgestaltung haben auf die Entwicklung des Menschen einen wesentlich größeren Einfluss als das Alter.
- Das falsche Bild, das sich aus dem Vergleich von Gruppen älterer mit jüngeren Personen ergibt, kommt zustande, weil einige wenige ältere Personen derart schlechte Werte erzielen, dass sich daraus für die ganze Gruppe eine schlechtere Durchschnittsleistung ergibt. Mehr als 30 Prozent der Älteren erreichten in einer Untersuchung jedoch Ergebnisse, die über den mittleren Leistungen der Jungen lagen.

Wo liegen die Unterschiede?

Aus den zahlreich vorliegenden Untersuchungen zum Vergleich von jüngeren und älteren Lernenden werden hier die wichtigsten Ergebnisse zusammengefasst:

Unterschiede zwischen jüngeren und älteren Lernenden

- *Sprachliche* Ausdrucksfähigkeit, Wortschatz und Allgemeinwissen nehmen bei über Fünfzigjährigen nicht ab, sondern können noch zunehmen.
- Mit zunehmendem Lebensalter wird die Erfahrung eines Menschen größer. In vielen Fällen helfen Erfahrungen bei der Bewältigung neuer (Lern-)Aufgaben. Diese Erkenntnis hat in den USA dazu geführt, dass manche Firmen ihre pensionierten Mitarbeiter zurückholen, um auf deren Erfahrungen nicht mehr verzichten zu müssen. Festgefahrene Gewohnheiten können auf der anderen Seite auch blockieren: Viele ältere Menschen stellen sich nicht mehr gerne um, beharren auf bestimmten Methoden (»Das haben wir schon immer so gemacht!«).
- Ältere Menschen lernen sinnvoll dargebotenes Material gleich gut wie jüngere. Nur Inhalte, die in keinem Sinnzusammenhang stehen, werden von ihnen schlechter behalten.
- Bei der Wiederholung von Aufgaben profitieren Ältere und Jüngere gleichermaßen vom Übungsgewinn.
- Wenn der Lernstoff übersichtlich gegliedert dargeboten wird, lernen Ältere leichter.
- Eine *Abnahme* der Leistungsfähigkeit lässt sich im rechnerischen Denken sowie in Bereichen feststellen, in denen körperliche Faktoren (z.B. Seh- oder Hörvermögen) eine Rolle spielen. Größere Mühe bereiten den Älteren unvertraute Situationen, in denen zusammenhangslose neue Informationen aufgenommen werden müssen und frühere Erfahrungen nicht angewandt werden können.
- Älteren Menschen mangelt es oft an einer gewissen Lerntechnik, die sie durch eine gezielte Schulung und Übung aber noch erwerben können.
- Muss die Aufgabe in einer bestimmten Zeit erledigt werden, sind Ältere in den Lernleistungen den Jüngeren gegenüber benachteiligt. Die Langsamkeit bei der Bewältigung von Aufgaben wird jedoch durch erhöhte Genauigkeit wettgemacht. Überall dort, wo der Zeitdruck fehlt und Erfahrungen und Wissen eingesetzt werden können, kommt es zu keinen nennenswerten Leistungsunterschieden.

- Der Lernprozess bei Älteren ist störanfälliger als bei Jüngeren, erstere reagieren empfindlicher auf Unterbrechungen.
- Der Übungsfaktor spielt eine gewichtige Rolle während des gesamten Erwachsenenalters.

Auch in den Fällen, in denen ältere Erwachsene schlechtere Leistungen erbringen als jüngere, kann somit nicht von einem »Verfall« der Lernfähigkeit gesprochen werden. Vielmehr zeigt sich meist, dass die Anordnung des Lernstoffes oder die gewährte Zeit für die Unterschiede verantwortlich sind. Vor allem das Tempo spielt eine große Rolle. Ältere Menschen erzielen dann die besten Resultate, wenn sie ihr Arbeitstempo selbst bestimmen können.

Viele klagen über ihr schlechtes Gedächtnis

Die größten Bedenken vieler Erwachsener gelten ihren Gedächtnisleistungen. Sie klagen bestürzt, wie viel sie vergessen – und übersehen, dass dies notwendig ist und sie daneben auch viel behalten. Bekannt ist, dass das Kurzzeitgedächtnis mit zunehmendem Alter schwächer wird. Merkfähigkeit und Denkgeschwindigkeit nehmen vor allem dann ab, wenn man sich geistig »in den Ruhestand begibt«, während die Anwendung von Lernstrategien zu Leistungsverbesserungen führt. Wichtig ist ja nicht, möglichst viel zu behalten, sondern das Richtige – und daneben gute Speicher- und Ordnungssysteme zu haben. Auch in höherem Alter sind beispielsweise durch Trainieren des Zahlen- und Namengedächtnisses noch erstaunliche Gedächtnisleistungen möglich – eine Tatsache, die vor allem wohl für das Selbstvertrauen wichtig ist.

Unterschiede zu Kindern lassen sich bei der Motivation erkennen: Kinder können lernen, was ihnen aufgetragen wird – Erwachsene erwarten, dass sich durch ihr Lernen etwas verbessert. Ältere reagieren skeptischer, sie wollen den Sinn und die Bedeutung einer Aufgabe erfassen, wissen, wo sich die Kenntnisse anwenden lassen.

Welche Schlussfolgerungen ergeben sich daraus?

Von einem allgemeinen Abbau der psychischen und geistigen Fähigkeiten mit zunehmendem Alter kann keine Rede sein. Die Lernfähigkeit bleibt erhalten, in jedem Alter ist ein Neubeginn möglich: In vielen Bereichen spielt das Lebensalter keine Rolle, in manchen wirkt es sich positiv, in einzelnen negativ aus.

Erwachsene lernen nicht schlechter, sondern nur teilweise anders als Kinder und Jugendliche, sie haben andere Schwerpunkte und andere Stärken. Erwachsene reagieren unterschiedlich auf Lebensereignisse, lernen daraus, entwickeln sich weiter. Sie lernen in der Regel nicht so schnell, kritischer, mehr auf praktischen Nutzen bedacht, ganzheitlicher, mehr von Erfahrungen ausgehend, Verbindungen suchend. Sie erkennen die Zusammenhänge, haben dadurch oft einen besseren Überblick.

Für Lehrende sind Erwachsene dadurch interessanter und anspruchsvoller: Sie stellen mehr Fragen, suchen nach persönlichen Erfahrungen, früheren Erkenntnissen, nach Beziehungen zwischen Einzelfakten. Ihre Fähigkeit, Erfahrungen bewusst einzubeziehen, wirkt sich positiv auf den Kursverlauf und ihren Lernerfolg aus.

Die Leichtigkeit, mit der wir neue Kenntnisse und Fertigkeiten erwerben, ist somit von vielerlei Faktoren abhängig, von unseren früheren Lernerfahrungen ebenso wie von der Dauer unseres Schulbesuches und unserer persönlichen Situation, von unseren Einstellungen sowohl gegenüber Lehrpersonen, dem Wissensgebiet als auch uns selbst. In einer Kursgruppe von Erwachsenen werden die Unterschiede zwischen den einzelnen Lernenden deshalb sicher größer sein als in einer Jahrgangsklasse von Kindern oder Jugendlichen.

Obwohl auch Kinder unterschiedlich lernen, ist es für Erwachsene deshalb besonders wichtig, ihren eigenen Lernstil zu kennen und selbstständig anzuwenden.

Wichtig sind vor allem auch Übungsmöglichkeiten und das Eintrainieren von Lernmethoden. Untersuchungen von Arbeitsgruppen in betrieblichen Ausbildungssituationen zeigen, dass nach längerer Trainingszeit der Leistungsstand älterer jenem jüngerer Arbeitnehmer durchaus ver-

Übung

Versuchen Sie, die in diesem Kapitel aufgeführten Informationen zusammenzufassen oder durch eine graphische Darstellung zu veranschaulichen.

Ein mögliches Beispiel einer solchen Darstellung finden Sie im Anhang auf Seite 209.

gleichbar ist. Durch intensives Lernen und geistige Arbeit kann auch im Alter das Nervensystem stimuliert werden.

Zusammenfassung

- ❖ Die Angst vor dem Vergleich mit Jüngeren ist unbegründet.
- ❖ Es hängt im Wesentlichen von uns selber ab, mit welcher Leichtigkeit wir später lernen.
- ❖ Auch im höheren Alter ist der Mensch durch Übung und Anwenden von Strategien noch lernfähig.
- ❖ Wichtig ist es, den eigenen Lernstil zu kennen und gezielt anzuwenden.

Persönliche Schlussfolgerungen

Was bedeutet Lernen für mich? Welche Gefühle verbinde ich damit?

Gibt es für mich ein Schlüsselerlebnis?

Wo liegen meine Stärken, wie kann ich darauf aufbauen, sie weiterentwickeln?

Welche Hindernisse müssen überwunden werden?

In welchen Bereichen liegen meine Lernprobleme?

Was traue ich mir zu?

Was traue ich mir nicht zu? Weshalb nicht?

Gegen welche Schwächen will ich gezielt angehen?

3. Worin besteht Lernen?

Die meisten Leute bringen das Stichwort »lernen« mit einer Schulstube oder mit einer Lehrperson vor einer Kursgruppe in Verbindung. Der Begriff umfasst jedoch weit mehr und idealerweise vieles zusammen:

Wir lernen, wenn wir

Lernen gehört zum Leben

- einen Vorgang beobachten,
- Schlüsse ziehen,
- praktische Erfahrungen machen,
- darüber nachdenken,
- ein Fachbuch lesen,
- Fragen stellen,
- Unklarheiten aufspüren,
- ein Problem analysieren und lösen,
- Antworten suchen,
- einen Fernkurs bearbeiten,
- Bildungssendungen im Radio/Fernsehen gezielt mit Texten ergänzen,
- Zusammenhänge herstellen,
- Kurse besuchen,
- über Neues diskutieren,
- unseren eigenen Kenntnisstand prüfen, ergänzen,
- Zusammenhänge herstellen,
- Informationen oder Ratschläge in Beziehung zu bisherigem Wissen und Fertigkeiten setzen,
- üben,
- theoretische Kenntnisse bei der Arbeit anwenden.

Überprüfen wir alle diese Lernformen, stellen wir fest, dass sich jeweils sieben verschiedene Schritte oder Elemente unterscheiden lassen, die sowohl für die einzelne Lernetappe als auch für ganze Ausbildungsgänge gelten. Sie lassen sich auch mit den sieben Etappen einer Expedition ins Unbekannte, einer gut vorbereiteten und ausgewerteten Reise vergleichen.

Etappen des Lernens

1. *Zielsetzung:* Was will ich lernen, wo will ich mich umorientieren? Am Anfang steht eine Frage, wir erkennen eine Lücke, ein Problem.
   Bei der Expedition geht es hier um die Festlegung des Zielortes und der Aufgabe.
2. *Auswahl des Lernweges:* Wie will ich der Antwort näher kommen, das Problem angehen? Wir entscheiden uns, welches Vorgehen, welcher Lernweg, welche Hilfsmittel und Unterlagen für den Erwerb der Kenntnisse, die Beantwortung der gestellten Fragen am günstigsten sind.
   Reisende überlegen sich die besten Transportmittel und Routen.
3. *Vorbereitung, Planung:* Unter welchen äußeren und inneren Bedingungen kann ich das Lernziel erreichen?
   Die Expeditionsleitung trifft Vorbereitungen, beschafft die notwendige Ausrüstung, erstellt einen Zeitplan, plant die Etappen.
4. *Aufnahme* des neuen Wissensstoffes, Beschaffen der Informationen, Erwerb der neuen Fertigkeiten: Dies kann mündlich oder schriftlich, aktiv oder passiv, durch Beobachten, Messen, Untersuchen, allein oder in einer Gruppe erfolgen.
   Durchführen der Expedition, der Aufgaben und Beobachtungen.
5. *Verarbeitung:* Die neuen Inhalte müssen kritisch geprüft, verglichen, früheren Informationen oder Beobachtungen gegenübergestellt, ergänzt, Unklarheiten beseitigt werden. Es ergibt sich ein neuer Überblick.
   Verarbeiten der Reiseeindrücke, Auswerten der Funde und Beobachtungen.
6. Speichern, *ordnen*, Zusammenhänge herstellen, bewerten.
   Die Ergebnisse müssen beschriftet, geordnet, interpretiert, zusammengestellt werden.
7. Reproduzieren, üben, *anwenden*, weitergeben, je nach Art des Stoffes und des Lernzieles (Prüfungen, Vorträge, Berichte).
   Über die gewonnenen neuen Erkenntnisse wird ein Artikel, ein Bericht oder ein Vortrag vorbereitet.

Im allgemeinen Verständnis wird meist nur das vierte Element, die eigentliche Wissensaufnahme, zum Lernen gezählt. Der Grund dafür liegt vor allem darin, dass in der Schule die Lehrerin oder der Lehrer die Verantwortung für die anderen sechs übernimmt.

Wenn es darum geht, das Alphabet oder Einmaleins zu lernen, ist die Lehrerin oder der Lehrer im Besitz des Wissens, das sich die Kinder durch Fleiß aneignen. Später besteht das Lernen aber häufig in einer Auseinandersetzung mit Fragen, auf die es noch keine endgültigen Antworten gibt. Lehrende und Lernende bemühen sich gemeinsam, der Lösung näher zu kommen. Der Erfolg des Lernens kann dann nicht nur daran gemessen werden, wie viele Informationen im Gedächtnis gespeichert wurden, sondern muss umfassender verstanden werden.

Erwachsene wollen und müssen deshalb alle sieben Schritte in ihre Lernplanung einbeziehen und überlegen, wie sie diese selbst gestalten wollen.

Das Buch will Anregungen zu allen Phasen und Elementen geben, Hinweise vermitteln, wie sie angegangen werden können, dazu ermutigen, den individuellen Lernweg zu finden.

Was ist Lern- und Arbeitstechnik?

Definition

Lern- und Arbeitstechniken, wie sie in diesem Buch verstanden werden, sind alle Vorgehensweisen, die dem gezielten und effizienten Lernen, der selbstständigen Auseinandersetzung mit Wissensstoff dienen. Das selbstständige Lernen setzt nicht nur das Wissen um Forschungsergebnisse und bewährte Verhaltensweisen voraus, sondern vor allem auch Einstellungen (den Wunsch nach Unabhängigkeit, das Vertrauen in die eigene Lernfähigkeit) und die Gelegenheit, sinnvolle Wege zu erproben, als richtig erkannte Vorgehensweisen anzuwenden.

Das Lesen guter Ratschläge führt noch nicht zur Verbesserung der eigenen Arbeitstechnik, auch wenn die Ratschläge einleuchtend klingen. Vermittelt werden sollen deshalb nicht nur Rezepte und Techniken im engeren Sinn, wie Notizen sinnvoll gestaltet werden oder welche Karteien nützlich sind. Alle Lernenden verfügen ja bereits über eine eigene Arbeitstechnik, haben sich bisher auf irgendeine Weise geholfen. Die Umstellung auf andere Formen ist zunächst unbequem, oft auch mühsam und führt nicht sofort, sondern erst nach einer gewissen Übungszeit zum gewünschten Erfolg.

Übung

Texte können auch durch Skizzen oder Grafiken zusammengefasst oder erläutert werden. Prüfen Sie, ob dieses Vorgehen Ihnen entspricht: Überlegen Sie, wie die Erläuterungen des vorangehenden Abschnittes (Lerntechnik: Definition, Elemente) in einer Grafik dargestellt werden können.

Eine mögliche Darstellungsform ist die Grafik auf Seite 210.

Erwachsenenbildung muss den Menschen helfen, sich selbst zu entwickeln. Ziele dieses Buches sind deshalb:

Es will Erwachsene jeden Alters ermutigen und befähigen,
- ihre eigenen Lernziele zu bestimmen,
- die besten Instrumente und Mittel zu deren Erreichung auszuwählen,
- den eigenen Lerntypus zu erkennen und
- die entsprechenden Lernmethoden zu entwickeln oder zu verbessern.

Das Buch setzt sich dazu aus verschiedenen Elementen zusammen:

- Fallbeispiele zeigen, wo verbreitete Probleme liegen und wie Erwachsene vorgehen, um sie zu lösen.
- Fragebogen, Checklisten zur Überprüfung des eigenen Vorgehens, zum Erkennen der Probleme.
- Informationen über Forschungsergebnisse und bewährte Methoden.
- Anregungen zur Anwendung, Übungen und Lösungsvorschläge.

Sie profitieren am meisten, wenn Sie sich die Kapitel einzeln vornehmen, sich mittels der Fragen überlegen, wie Sie bisher vorgegangen sind, die vorgeschlagenen Techniken für sich erproben, die Übungen durchführen – die Lektüre somit durch möglichst viel eigene Erfahrungen und eigenes Tun ergänzen.

Persönliche Schlussfolgerung

Für welche Bereiche erwarte ich Informationen und Hinweise?

In welchen Bereichen bin ich bereit, neue Vorgehensweisen zu erproben, wenn ich einen Erfolg versprechenden Weg sehe?

Die sieben Lernetappen

1. Zielsetzung: Das Expeditionsziel

Welche Lernziele haben Sie?

Sicher haben Sie bereits Ihre Lernziele – sonst würden Sie dieses Buch kaum in Händen halten. Was steht hinter diesen Zielen?

- Warum will (oder muss) ich lernen?
- Was bedeutet Lernen für mich?
- Bin ich an den Inhalten interessiert oder zwingen mich äußere Umstände, mich damit auseinanderzusetzen?
- Verspreche ich mir einen Erfolg oder treibt mich die Angst vor einem Misserfolg?
- Leitet mich der Wunsch nach Neuem oder die Angst vor Veränderung?
- Suche ich vor allem Anregung, den Kontakt mit anderen Menschen?
- Begegne ich dem Zwang zum Lernen mit Widerstand?

Wichtig ist, dass wir uns nicht nur im Klaren darüber sind, was wir wollen, sondern auch, warum wir es wollen. In Versuchen zeigte sich, dass Erwachsene, die einen beruflichen Aufstieg anstrebten, wesentlich besser lernten als andere, deren Voraussetzungen (Alter, Schulbildung, berufliche Stellung) gleich waren, die aber kein klares Ziel vor Augen hatten.

Die Motivation ist einer der wichtigsten Faktoren, die über den Erfolg unserer Bemühungen entscheiden.

Haben Sie Spaß an Rätseln und Denksportaufgaben? An welchen? Sicher vor allem an jenen, die zwar schwierig und damit eine echte Herausforderung, aber dennoch lösbar sind. Blicken wir überhaupt nicht durch, verlieren wir schnell die Lust. Unsere Ziele müssen realistisch sein.

Daneben spielt unser Selbstbild, das Vertrauen in die eigenen Fähigkeiten eine große Rolle. Wer vor allem den Misserfolg fürchtet, gibt bei (unvermeidlichen) Schwierigkeiten sofort auf (»Ich hab's ja gewusst, dass ich es nicht kann«) und wird in seinem negativen Selbstbild bestätigt. Zuversichtliche verdoppeln dagegen ihre Anstrengungen oder versuchen einen neuen Weg, kommen früher oder später zum Ziel und stärken ihr Selbstvertrauen weiter.

Vergleichen wir diesen ersten Lernschritt mit dem erwähnten Beispiel einer Expedition. Am Anfang steht eine Standortbestimmung: Wo sind wir und wo wollen wir hin? Wir analysieren die Situation, prüfen mit Hilfe einer Landkarte, welche Berge und sonstigen Hindernisse zu überwinden sind, welche Konsequenzen sich daraus ergeben. Helfen bei unseren Überlegungen kann uns ein Mind Map (vgl. Seite 138), das unsere Ziele, Hindernisse und Prioritäten, die verschiedenen Erwägungen, Aspekte und Fragen aufnimmt. Natürlich sind auch bei ungezielten und ungeplanten Reisen Entdeckungen möglich – sie sind aber wenig wahrscheinlich. Je genauer wir vorher unsere Fragen formulieren, desto besser können wir planen, die richtigen Wege einschlagen, die erforderlichen Geräte mitnehmen.

Bei Diskussionen in größeren Gruppen, beim Fernsehen im Familienkreis kommt es immer wieder vor, dass sich Herr Müller über seine Wissenslücken ärgert. Viele Gebiete interessieren ihn, und er wünscht sich, über mehr Grundkenntnisse zu verfügen, Zusammenhänge zu erkennen.

Als Vorbereitung auf den Wiedereinstieg möchte Frau Huber ihre Englisch- und Französischkenntnisse auffrischen und das Schreiben mit Computern erlernen. Der Gedanke, sich mit Computern vertraut machen zu müssen, belastet sie, doch sie weiß, dass sie ihre Angst überwinden muss, bevor sie eine Chance hat, im gewünschten Bereich zu arbeiten.

Herr Zoller wird von seinem Arbeitgeber aufgefordert, an einem Schulungsseminar teilzunehmen. Es geht um Methoden der Erwachsenenbildung, Vortragstechnik und Gruppendynamik.

Oft sind es Schlüsselerlebnisse, bestimmte Ereignisse oder auch die Unzufriedenheit mit der bestehenden Situation, die den Wunsch nach Weiterbildung wecken. In dieser Phase ist zu überlegen, wer helfen oder beraten kann:

- Sind Bekannte oder Verwandte in einer ähnlichen Situation?
- Ist ein Gespräch mit dem Berufsberater sinnvoll? (Der Anteil Erwachsener, die die unentgeltlichen öffentlichen Berufsberatungsstellen aufsuchen, nimmt ständig zu.)
- Sind Auskünfte von einem Stipendien- oder einem Studienberater einzuholen?
- Gibt es in der Firma einen Betriebspsychologen?

In vielen Fällen hilft ein Gespräch mit einer Freundin oder einem Freund, der Kontakt zu einer Gesprächsgruppe. Es gibt beispielsweise Gruppen für Wiedereinsteigerinnen, für Arbeitslose, für Alleinerziehende und viele mehr.

Ausgangspunkt für das Lernen Erwachsener ist meist die Suche nach einer Veränderung. Nicht alle sind sich jedoch bewusst, in welcher Richtung diese Veränderung zu suchen ist.

Wichtig ist, dass Sie – wie bei einer Expedition – möglichst konkret umschreiben, wohin Sie gelangen wollen, damit Sie auch wissen, wann Sie dort sind.

So wichtig die Planung am Anfang ist, so wichtig ist es jedoch auch, diese nicht ein für alle Mal starr festzulegen. Wenn es für uns nur einen Weg und ein Ziel gibt, werden wir ganz aufgeben, wenn wir nicht vorankommen oder erkennen, dass wir die Belastungen unterschätzt haben. Wir sollten deshalb an bestimmten Etappen immer wieder überprüfen, ob das Ziel noch stimmt, Zwischenhalte einlegen, die Route überdenken.

Der nachfolgende Fragebogen soll Ihnen als Anregung dienen, ein bestimmtes Lernziel genauer zu analysieren. Zweifellos haben Sie ja verschiedene, kurz- und längerfristige Lernziele, die Sie gleichzeitig oder nacheinander angehen wollen. Wählen Sie das aktuell Wichtigste aus und versuchen Sie, die Fragen an diesem Beispiel zu beantworten und dabei möglichst konkret zu sein. Wollen Sie beispielsweise eine Sprache lernen, um sich am Telefon verständigen zu können, um sich im Land zurechtzufinden oder um Fachbücher zu lesen? Benötigen Sie Computerkenntnisse, um Texte zu schreiben, Buchhaltungen zu erledigen, Karteien zu führen?

Fragebogen Lernziele

Welches Ereignis, welche Situation gab den Anstoß zu meinem Lernwunsch?

....

....

	Ja	Nein
Bin ich mit meiner jetzigen Situation zufrieden?	☐	☐

Was möchte ich ändern?

....

....

Wohin will ich kommen?

....

....

	Ja	Nein
Liegen meine Lernziele im *beruflichen* Bereich?	☐	☐

Wenn ja:

☐ Will ich einen anerkannten Abschluss anstreben?

☐ Will ich an meinem Arbeitsplatz aufsteigen?

☐ Will ich meine Arbeit besser machen?

☐ Muss ich mit neuen Anforderungen umgehen? Meinen Arbeitsplatz sichern? Einen neuen Arbeitsplatz finden?

☐ Will ich mich beruflich verändern, einen Wechsel vorbereiten?

Welche Weiterbildungsanforderungen ergeben sich aus diesen Zielen?

....

....

....

Fragebogen Lernziele (Fortsetzung)

Auf welchen Gebieten fehlen mir Kenntnisse, die ich gezielt erwerben will?

....

....

Liegen meine Lernziele im *privaten* Bereich? Ja ☐ Nein ☐

Wenn ja:

In welche Bereiche will ich mich aus Interesse oder Neugier einarbeiten?

....

....

Welche Ängste, Befürchtungen, Krisen, Unsicherheiten machen mir zu schaffen, die ich mit Weiterbildung angehen könnte?

....

....

Welche Freunde oder Familienangehörige stehen vor einer ähnlichen Situation?

....

....

Über welche Probleme oder Schwierigkeiten möchte ich mir durch Gespräche mit Anderen mehr Klarheit verschaffen?

....

....

Welche Fragen, welche Bedürfnisse nach detaillierten Kenntnissen ergaben sich aus Gesprächen, Diskussionen, Fernsehsendungen?

....

....

Fragebogen Lernziele (Fortsetzung)

Welche Weiterbildungsziele will ich zuerst angehen?

....

....

Welche Etappen führen zum Ziel?
(Je genauer Sie die Stufen, die zu Ihrem Ziel führen, beschreiben, desto besser können Sie planen. Statt beispielsweise nur zu schreiben »Englisch lernen«, überlegen Sie sich, wie Sie Ihre Schwerpunkte setzen: »Verbesserung der Ausdrucksfähigkeit, der Grammatik, des Textverstehens«.)

....

....

Welche Gefühle verbinde ich mit dem Lernen?

☐ Angst ☐ Langeweile ☐ Freude ☐ Neugier

☐ ....

Wann ist mein Lernziel erreicht?

☐ Wenn ich befördert werde.

☐ Wenn ich den Abschluss geschafft habe.

☐ Wenn ich mit folgenden Situationen besser umgehen kann:

....

....

☐ Wenn mein Ansehen bei bestimmten Personen gestiegen ist.

☐ Wenn ich mich auf dem Gebiet besser auskenne.

☐ Wenn ich einen Ausweis / ein Zertifikat erhalten habe.

Wann will ich meine Ziele und meinen Weg überprüfen und mich gegebenenfalls neu orientieren?

....

Eigene Fragen als ständige Richtlinien

Neben der generellen Zielsetzung sind eigene Fragen auch für jede einzelne Lernetappe wichtig.

> »Wenn man einmal gelernt hat, wie Fragen zu stellen sind – wichtige, angemessene und substantielle Fragen –, dann hat man gelernt, wie man lernt, und niemand wird einen hindern können, zu lernen, was man auch immer wissen will oder muss.«
>
> (N. Postman/ C. Weingartner 1972)

Die Grundfragen lauten immer wieder:

- ❖ Was ist für mich wichtig?
- ❖ Was will ich wissen, in welche Richtung will ich mich weiterbilden?
- ❖ Was ist für mich unwichtig oder überflüssig, was kann ich weglassen?

Richtige Fragen sind für Lernende wichtiger als richtige Antworten, weil sie ein Ziel anpeilen und ein Bedürfnis auslösen, während die Antworten einen Endpunkt darstellen. In der heutigen Informationsflut brauchen wir die Fragen als Orientierungspunkte, müssen wir uns klar sein, was wir wissen wollen.

Auch wenn dies einleuchtet, fällt die Umsetzung vielen Lernenden schwer. In der Schule stellt in der Regel der Lehrer die Fragen, und auch bei der weiteren Ausbildung wird das gelernt, was von den Verantwortlichen als wichtig bezeichnet wird oder für das Bestehen der Prüfung erforderlich ist. Viele haben sich deshalb das Fragen so weitgehend abgewöhnt, dass sie sich nicht einfach nur nicht zu melden wagen, sondern dass ihnen gar keine Fragen einfallen.

Wie können wir wieder lernen zu fragen?

Suchen Sie ganz bewusst nach Fragen, wenn Sie einen anspruchsvollen Artikel, ein Fachbuch lesen, einer Diskussion, einer Informationssendung im Fernsehen zuhören. Es gibt ganz verschiedene Arten von Fragen, die zum Denken anregen. Bei manchen geht es um eine Erweiterung des *Wissens*:

- ❖ Wer, wo, was?
- ❖ Wann?
- ❖ Warum?
- ❖ Wie definiert man?

Andere zielen auf das Verständnis:

- Wie beschreibt man?
- Was ist der Kern?
- Was sind Gemeinsamkeiten?
- Was sind Unterschiede?

Eine weitere Kategorie befasst sich mit der *Anwendung*:

- Für welche Aufgaben kommt diese Regel zur Anwendung?
- Wie kann ich dieses Wissen in die Praxis umsetzen?

Wenn wir die Zusammenhänge erfassen, Schlüsse ziehen wollen, können wir beispielsweise folgende Fragen stellen:

- Welchen Schluss kann ich daraus ziehen?
- Womit kann man diese Regel belegen?
- Wie lässt sich die Situation verbessern?
- Was lässt sich tun, um ...?
- Wie könnte man zusammenfassen?
- Wie lässt sich das darstellen?
- Was ist meine Meinung?
- Stimme ich zu?
- Welche Lösung ziehe ich vor?

Übung

Stellen Sie zu den bereits gelesenen Kapiteln dieses Buches mindestens fünf Fragen verschiedener Art.

Einige Beispiele finden Sie im Anhang auf Seite 208.

2. Auswahl des Lernweges: Transportmittel und Routen

Im Gegensatz zu Kindern in der Schule können Erwachsene meist selbst bestimmen, auf welchen Wegen sie ihre Lernziele erreichen wollen. Sie bringen bereits Erfahrungen und Vorbildungen mit, haben unterschiedliche Vorlieben und Ziele. Entsprechend unterschiedlich werden ihre Lernwege und Inhalte sein. Es gibt keine »typischen« erwachsenen Lernenden. Bei der Wahl des individuellen Weges werden mit Vorteil sowohl die persönlichen Voraussetzungen als auch allgemein gültige Erkenntnisse berücksichtigt.

Gemeinsamkeiten: Allgemein gültige Erkenntnisse

Zu unterschiedlichen Zielen führen unterschiedliche Wege. Die Lernforschung hat aber gezeigt, dass einige Lerngesetze allgemeine Gültigkeit haben. Wir sind beim Lernen dann am erfolgreichsten, wenn wir diese Erkenntnisse beachten. Die nachfolgenden acht Gesetzmäßigkeiten stellen Schlussfolgerungen dar aus vielen Beobachtungen und Untersuchungen über Bedingungen, die das Lernen fördern.

A. Signallernen: Ängste, Widerstände und Gefühle, die auf frühere Erfahrungen zurückzuführen sind, können uns beim Lernen beeinflussen und blockieren

Welche Fächer haben Ihnen in der Schule Spaß gemacht?

Welche lagen Ihnen gar nicht?

Können Sie Ihre Vorlieben und Abneigungen begründen?

Wo liegen Ihre Stärken beim Lernen?

In welchen Bereichen trauen Sie sich wenig zu?

Erwachsene lernen ebenso wenig wie Kinder nur mit dem Kopf: In jeder Situation, bei der Arbeit ebenso wie im Unterricht, im Gespräch, beim Lernen reagieren wir ganzheitlich. Negative Gefühle, Ängste, Widerstände können uns blockieren, positive Einstellungen, Freude und Selbstvertrauen dagegen beflügeln.

Wir gehen Situationen aus dem Weg, die uns ängstigen oder belasten, und suchen solche, in denen wir uns gut fühlen.

Wir sind uns der Gegenwart der anderen bewusst, wir fürchten vielleicht ihre Geringschätzung oder Ablehnung, sehnen uns nach ihrer Aufmerksamkeit oder Zuneigung: Wir wollen nicht nur verstehen, sondern auch verstanden und akzeptiert werden. Nicht nur Lernfortschritte sind für uns Erfolgserlebnisse, sondern auch die Anerkennung durch unsere Kollegen, das Gefühl der Zusammengehörigkeit.

Den Menschen, die wir mögen, hören wir aufmerksam zu und verstehen deshalb schnell, was sie sagen. Die – vielleicht unbewusste – Einstellung »dem trau ich nicht«, »der hat sich eben abfällig über meine Arbeit geäußert«, »die wird wohl kaum etwas Kluges zu sagen haben« führt dagegen zur Abkapselung und damit auch zum Nichtverstehen.

Das *Signallernen* gilt als elementarste Lernform: Eindrücke oder Ereignisse, die miteinander auftreten, werden in der Erinnerung miteinander verbunden, die Gefühle, die der einen Erfahrung gelten, werden auch auf die andere übertragen. Ein Beispiel dafür bietet das Kleinkind, das mit Schrecken und Schreien auf eine ihm unbekannte Person in einem Arztkittel reagiert, nachdem es einmal im Krankenhaus eine schmerzhafte Spritze erhalten hat.

z. B.

Frau Huber war während ihrer Schulzeit längere Zeit krank gewesen. In den Sprachfächern kam sie dennoch gut mit, weil sie sich regelmäßig die Hausaufgaben hatte bringen lassen. Mehr Mühe bereiteten ihr Mathematik und Physik; ohne die Erklärungen des Lehrers verstand sie die neuen Kapitel nicht. Als sie anschließend in einigen Prüfungen in diesen Fächern ungenügende Noten erzielte, war sie überzeugt, dass sie dafür völlig unbegabt sei. Sie hasste jede Schulstunde, in der sie sich damit befassen musste, und übertrug ihre Abneigung bald auch auf alles, was mit Naturwissenschaften, Technik oder Maschinen zu tun hatte. »Mit einem Computer werde ich nie zurechtkommen!«, weiß sie heute mit absoluter Sicherheit.

Viele Vorlieben und Abneigungen auch im Erwachsenenalter gehen auf das »Signallernen« zurück: Schülerinnen und Schüler übertragen den Ärger über einen ungerechten Lehrer oder schlechte Noten auf das ganze Wissensgebiet; die Einstellung: »dieses Fach mag ich nicht / liegt mir nicht« verfestigt sich und bleibt erhalten, auch wenn die ursprünglichen Gründe längst überholt sind.

Wenn Sie Ihre oben gegebenen Antworten betrachten: Geht es Ihnen ebenso? Ist auch Ihre Abneigung gegen ein Wissensgebiet darauf zurückzuführen, dass Sie es mit Misserfolgen, mit Langeweile, mit unangenehmen Erlebnissen verbanden oder dass Sie mit einer Lehrerin oder einem Lehrer nicht zurechtkamen?

Negative Einstellungen und Widerstände können bis zu Lernblockaden und Stressreaktionen führen; die Betroffenen können in den jeweiligen Situationen nicht mehr klar denken, werden von Gefühlen, von Angst und Überforderung beherrscht. Daraus ergibt sich ein Teufelskreis: Sie können nicht richtig aufnehmen, finden die richtigen Antworten nicht, fühlen sich gedemütigt und ausgegrenzt, was wiederum ihre Angst und Selbstzweifel verstärkt.

Probleme und Widerstände gegen das Lernen, negative Einstellungen gehen oft auf die Kindheit zurück. Wer im Elternhaus immer wieder gehört hat, dass eine gute Erstausbildung genügt und mit der Schule auch das Lernen abgeschlossen ist, wird dazu neigen, alles Lernen als lästige Pflicht anzusehen, die möglichst schnell erledigt werden muss. Kommen noch negative Schulerfahrungen dazu, folgern viele, dass Lernen nicht Teil ihres Lebens sein kann.

Vieles wollen wir gar nicht wissen

Widerstände können sich auch gegenüber Informationen und Inhalten ergeben, die mit unseren Einstellungen oder unserem Selbstbild nicht übereinstimmen: Begeisterte Schnellfahrer wollen nichts lernen über Zusammenhänge zwischen Umweltschäden, Autoabgasen und mögliche Auswirkungen von Geschwindigkeitsbeschränkungen. Wer gegenüber bestimmten Menschengruppen (beispielsweise Ausländern) Vorurteile hegt, will nichts Positives über sie hören. Statt lieb gewonnene Meinungen zu überdenken und zu korrigieren, gehen wir lieber Informationen aus dem Weg, die sie in Frage stellen könnten.

Einstellungen, die durch negative Gefühle zustande gekommen sind, lassen sich auch durch Signallernen auflösen. Ein Beispiel dafür, wie dies bei schlechten Lernerfahrungen und Abneigung gegen schulisches Lernen gemacht werden kann, liefern Kurse, die nach der Methode der *Suggestopädie* vorgehen: Der Unterricht wird in freundlichen Räumen erteilt, von leiser Musik eingeleitet, die Lehrenden versichern den Lernenden, dass sie alle gestellten Aufgaben gut und mit Freude lösen können. An die Stelle von Angst und Abwehr vor dem Lernen oder dem betreffenden Fachgebiet sollen Spaß und Vertrauen in die eigenen Fähigkeiten treten. Erfolge mit dieser Methode zeigen sich deshalb vor allem bei Menschen, deren Lernprobleme in Selbstzweifeln und Widerständen liegen.

Wenn Sie von negativen Gefühlen beim Lernen blockiert werden, ist es wichtig, dass Sie zuerst den Ursachen nachgehen. Wie sind diese Gefühle entstanden? Ein Gespräch mit Familienangehörigen, einem Freund, einer Freundin oder einem Kursleiter, den oder die Sie gut kennen, kann Zusammenhänge sichtbar machen, klärend wirken. Zur Aufhebung der Blockaden können Sie auch selbst nach Möglichkeiten suchen, angenehmere Verbindungen zu schaffen: Sprechen Sie mit guten Bekannten über offene Fragen, lesen Sie ein spannendes Buch darüber, belohnen sie sich regelmäßig mit schöner Musik.

Christian hatte immer eine Abneigung gegen Französisch. Seit er aber Annette kennen gelernt hat, die nur französisch spricht, hat sich seine Einstellung gegenüber dieser Sprache gewandelt. Er will Annette in den nächsten Ferien besuchen und schult deshalb sein Sprachverständnis auf alle möglichen Arten: Er schreibt ihr regelmäßig, schaut sich Spielfilme im französischen Fernsehen an, liest die Maigret-Kriminalromane im Original – und kann bald nicht mehr verstehen, warum ihm die Schönheit dieser Sprache nicht schon längst aufgefallen ist.

B. Lernen nach Versuch und Irrtum: Gelernt werden Verhaltensweisen, die zu wünschenswerten Ergebnissen führen

Sind Sie öfter unterwegs, in Hotels oder Ferienwohnungen? Stehen Sie auch immer wieder vor neuen Rätseln, wie die Dusche funktioniert und das Wasser die gewünschte Temperatur erreicht? Im Allgemeinen bleibt uns in solchen und ähnlichen Situationen (wenn wir ein neues Gerät ohne Gebrauchsanweisung haben, wenn der Wagen unterwegs nicht anspringt) nur, verschiedene Möglichkeiten auszuprobieren, bis wir den »Dreh« heraushaben.

Viele Dinge werden nach Versuch und Irrtum gelernt: In einer neuen und für uns nicht überschaubaren Situation werden verschiedene Wege eingeschlagen, der erfolgreiche schließlich gelernt und beibehalten. Auch viele Fertigkeiten, wie beispielsweise Schlittschuhlaufen oder Radfahren, werden auf die gleiche Art erworben.

Dabei lassen sich zwei entgegengesetzte Reaktionsweisen unterscheiden: Manche Menschen werden vom Misserfolg bei den ersten Versuchen so irritiert, dass sie wütend aufgeben – während andere angespornt werden, ihre Anstrengungen zu verdoppeln. Früher oder später werden sie zum Ziel kommen und dadurch in ihrer Hartnäckigkeit bestätigt. Bei der nächsten Herausforderung werden sie deshalb ähnlich reagieren.

Die Menschen, die schnell aufgeben, gewinnen dagegen die Überzeugung, dass sie sich in neuen Situationen, bei neuen Aufgaben nicht zurechtfinden, und werden versuchen, diesen in Zukunft aus dem Wege zu gehen, die Bewältigung anderen zu überlassen.

»Mit ein wenig Nachdenken hätten Sie auch selbst auf die Antwort kommen können!«, fuhr der Kursleiter Herrn Zoller an, als dieser einmal etwas nicht verstand. Die anderen Teilnehmer lächelten und Herr Zoller fühlte sich unendlich bloßgestellt. Fortan versuchte er, seine Wissenslücken zu überspielen und nachträglich bei einem Kollegen zu ergänzen. Frau Roth dagegen lässt sich von solchen Bemerkungen nicht beirren. Selbstbewusst meldet sie sich, wenn der Lehrer nicht genau erklärt oder wenn sie Widersprüche entdeckt. Aufmerksam hören die anderen zu – auch sie profitieren von den zusätzlichen Erläuterungen. An den Abschlussprüfungen zeigt sich, dass Frau Roth am besten vorbereitet ist.

In Schulklassen wie in Kursgruppen Erwachsener lässt sich beobachten: Die Angst vor Fehlern, vor Kritik, vor einer Blamage lähmt viele Lernenden und hindert sie, offen ihre Fragen anzubringen, auf Unklarheiten hinzuweisen. Sie ziehen es vor, nichts zu sagen, um nichts Falsches zu riskieren – und kommen deshalb auch nicht weiter. Die hartnäckig Fragenden setzen sich nicht nur mit dem Stoff intensiver auseinander, sondern erfüllen auch für die Gruppe die wichtige Aufgabe, dem Lehrer klarzumachen, wo weitere Erklärungen angebracht sind.

Schlussfolgerungen für die Lernenden:

- Fehler lassen sich beim Lernen nicht vermeiden. Wenn sie nicht als Versagen erlebt werden, können sie der Orientierung und Weiterentwicklung dienen.
- Erfolgreiche Verhaltensweisen werden wiederholt und gelernt. Beim Lernen von Wissensstoff besteht das wünschenswerte Ergebnis im Finden der Lösung, im Beherrschen der Fertigkeit, aber auch in der Anerkennung der Vorgesetzten oder der Bestätigung der Kursleitung.

Wer das Risiko des Versuchens nicht eingeht, wird auch zu keinem Erfolgserlebnis kommen.

- Wichtig ist die Erkenntnis, dass Lernende die Bestätigung brauchen, dass sie auf dem richtigen Weg sind und Fortschritte machen. Während diese Bestätigung in der Schule durch die Lehrerin oder den Lehrer und die Noten erfolgt, ist sie bei Erwachsenen nicht immer gegeben, aber nicht weniger notwendig. Die Anwendung in der Praxis, die Diskussion mit anderen ist deshalb wichtig.

C. Einsichtiges Lernen: Das Bedürfnis, Gesetzmäßigkeiten zu suchen und Ordnung in die Erfahrungen zu bringen, ist angeboren

Netze und Verknüpfungen beim Lernen

Auch wenn wir ein Zufallsmuster oder ziehende Wolken betrachten – es fällt uns schwer, keine Figuren darin zu sehen: Wir verbinden Beobachtungen mit früheren, vergleichen, suchen Zusammenhänge und Gesetzmäßigkeiten, versuchen neue Inhalte mit früheren Erfahrungen in Beziehung zu bringen. Wissen, Strukturen, die uns helfen, Informationen zu ordnen, Klarheit in unsere Gedanken zu bringen, sind wichtig, entsprechen einem Bedürfnis. Solche Informationen vergessen wir auch nicht. Im Bereich des einsichtigen Lernens sind Erwachsene Kindern schon deswegen überlegen, weil sie auf mehr Erfahrungen zurückgreifen können, über mehr Hintergrundwissen verfügen, in das sie neue Ereignisse einordnen können.

Das einsichtige Lernen steht deshalb im Zentrum des Lernens Erwachsener, die anderen hier erwähnten Lerngesetze sind lediglich Teilaspekte. Beim selbstständigen Lernen streben wir bewusst danach, unser Vorwissen einzubeziehen, von einem Überblick auszugehen, erst das Netz vorzubereiten, in das die Einzelheiten eingeknüpft werden können. Neue Inhalte werden mit bereits gespeicherten verglichen und geordnet.

Beim Lernen von fremdsprachigen Vokabeln bleibt Kindern meist nicht viel anderes übrig, als die neuen französischen oder englischen Wörter stur auswendig zu lernen; Erwachsene können nach Ableitungen von ihnen bekannten Fremdwörtern, nach Parallelen mit anderen Wortfamilien, nach Gesetzmäßigkeiten suchen. Dies mag zunächst aufwendiger scheinen, hilft aber beim längerfristigen Speichern und als Grundlage für weiteres Lernen.

Ein Beispiel (aus Steiner 1988): Das französische Wort »passer« bedeutet »gehen, durchgehen«. Wir bilden ein ganzes Bedeutungsnetz, das wir in einem Schema darstellen, von »passé« (die Vergangenheit, das Vergangene) über »passager« (vorübergehend, der Passagier) und »passeport« (der Pass) zu »passage« (der Durchgang). Damit schaffen wir nicht nur viele Erinnerungshilfen, sondern schulen auch unser Sprachgefühl.

D. **Soziales Lernen:** Viele Verhaltensweisen werden durch Beobachtung des Vorgehens anderer gelernt

Gemeinsam geht's oft besser

Die Gruppe ist für den Menschen sehr wichtig. Wir brauchen den Austausch, wir sind darauf angelegt, von den Erfahrungen der anderen zu profitieren, unsere Erfahrungen weiterzugeben – anders wäre die menschliche Kultur und Zivilisation nicht möglich. Es ist deshalb wichtig, diese Tatsachen beim Lernen einzubeziehen, von der besseren Motivation in Gruppen zu profitieren, nach Möglichkeiten des Austausches zu suchen. Auch hier reagieren wir ganzheitlich: Wenn wir uns in einer Gruppe wohl fühlen, wenn die anderen eine positive Einstellung zum Lernen haben, den Stoff interessant finden, überträgt sich dies auch auf uns. Ist die Umgebung dagegen lernfeindlich eingestellt, ist das Durchhalten schwieriger.

Suchen Sie deshalb Gleichgesinnte, lassen Sie sich anstecken, setzen Sie sich gemeinsame Ziele, lernen Sie die Sichtweisen der andern kennen, prüfen Sie, wie sie vorgehen, welche Lösungen zu Organisationsproblemen, Zeitplanung usw. sie gefunden haben. Natürlich ist nicht alles für uns selbst anwendbar – allein die Erkenntnis, dass es verschiedene Wege zum Ziel gibt, kann uns anregen, unsere Vorgehensweisen einmal zu überprüfen.

Weitere Hinweise zur Zusammenarbeit und zur Bildung von Lerngruppen finden Sie auf Seite 149.

E. **Individuelle Voraussetzungen und Wege:** Aufbau und Gliederung des Stoffes müssen den Lernenden angepasst sein

Aus der Schule kennen wir alle die Situation: In der gleichen Lektion können sich die einen langweilen, andere überfordert fühlen, weil der Lehrer einen Stoff behandelt, der einigen schon sehr vertraut, für andere aber völlig neu ist.

Der größte Lernerfolg ist zu erwarten, wenn vom Stand der Lernenden ausgegangen und Bezug zu ihrem bisherigen Wissen genommen wird, wenn sie in kleinen Schritten und in ihrem eigenen Tempo weitergehen können und die Fortschritte ständig kontrolliert werden.

Lernen im eigenen Stil und Tempo

Das bekannteste Beispiel für diese Vorgehensweise sind Lernprogramme. In programmierten Büchern wird durch ständige Zwischenfragen geprüft, ob der oder die Lernende den Schritt vollzogen hat. Verweise auf frühere Erklärungen oder auf fortgeschrittene Stufen ermöglichen eine Anpassung an den Lernstand. Noch flexibler sind infolge ihres großen Speichers natürlich Lernprogramme im Computer. Sie sind systematisch aufgebaut, prüfen ständig die Antworten der Lernenden und können entsprechend ergänzen, fehlendes und vergessenes Wissen nachliefern.

Hinzugefügt werden muss, dass der »Lerntyp« (vgl. Seite 58) eine weitere wichtige individuelle Voraussetzung darstellt. Lernprogramme und Computer sind für Personen geeignet, die gerne allein lernen, sich gerne führen lassen, auf Fragen antworten, gut geplante Lernschritte nachvollziehen – weniger aber für Lernende, die Gruppenarbeiten bevorzugen oder die gerne selbst die Ziele und Zwischenetappen bestimmen.

F. Eigenes Tun: Die eigene Aktivität fördert das Lernen

Kennen Sie die Situation? Sie sind einen Weg immer nur als Beifahrer gefahren und müssen nun zum ersten Mal selbst lenken. Sie sind völlig verunsichert; obwohl Sie glaubten, sich auszukennen, kommt Ihnen jetzt jede Kreuzung unbekannt vor. Erst jetzt nehmen Sie den Weg wirklich wahr – und lernen ihn für die Zukunft.

Bei körperlichen/sportlichen Aktivitäten ist uns klar, dass Zuschauen die eigene Aktivität nicht ersetzt – auch wenn wir noch so viele Tennis- oder Fußballspiele gesehen haben, verbessert dies unsere eigene Spielstärke nicht wesentlich. Aber auch bei geistigen Aktivitäten ist der Erfolg weit größer, wenn wir selbst den Weg herausfinden, den Stoff bearbeiten, als wenn ein anderer dies für uns tut.

Einige Beispiele von eigenem Tun beim Lernen:

- ❖ Wir prüfen den Stoff und überlegen uns, wie wir ihn gliedern könnten, ob auch eine andere Anordnung, ein anderer Aufbau möglich wäre, welche Titel und Untertitel für die einzelnen Abschnitte sinnvoll sind.

- Wir suchen nach Beziehungen zu Informationen, die wir bereits haben, zu anderen Wissensgebieten, wir formulieren Fragen zu Unklarheiten, Widersprüchen, Informationslücken, die wir schließen wollen, wir vergleichen und bewerten.
- Wir schreiben Zusammenfassungen oder übersichtliche kurze Notizen.
- Wir überlegen, wie die Informationen in einer Tabelle zusammengefasst, durch eine Grafik oder eine Skizze dargestellt werden können.
- Wir denken bei Kursen mit, setzen eigene Ziele, bringen unsere Wünsche, Fragen und Anregungen ein.
- Wir diskutieren den Stoff mit andern, erklären ihn, fassen ihn mit eigenen Worten zusammen.
- Wir suchen nach Anwendungs- und Übungsmöglichkeiten.

G. Sinnvolle Planung: Die Länge der Lernperioden beeinflusst die Lern- und Gedächtnisleistung

Die gleichen Vokabeln werden schneller gelernt und besser behalten, wenn wir die Lernarbeit auf mehrere Tage verteilen, als wenn wir sie alle auf einmal »pauken« wollen. Dies wies der Gedächtnisforscher H. Ebbinghaus bereits Ende des letzten Jahrhunderts nach. Seither haben viele Untersuchungen dieses Ergebnis bestätigt: Wenn wir beispielsweise täglich eine halbe Stunde üben, machen wir schnellere Fortschritte als wenn wir einmal pro Woche dreieinhalb Stunden einsetzen.

Die Abbildung auf S. 48 (aus Aebli 1976, Seite 243) zeigt in drei Kurven, wie bei gehäuftem Üben infolge der Ermüdung die Leistungen absinken, während sie bei einer sinnvollen Verteilung weiter ansteigen.

Auf Grund dieser Ergebnisse empfiehlt es sich,

- Neues zunächst in kurzen Abständen mehrmals zu wiederholen,
- in zunehmendem Maße die Abstände zu vergrößern,
- bei großen Stoffmengen, die längerfristig gelernt werden müssen, umfangreichere Wiederholungen einzuplanen.

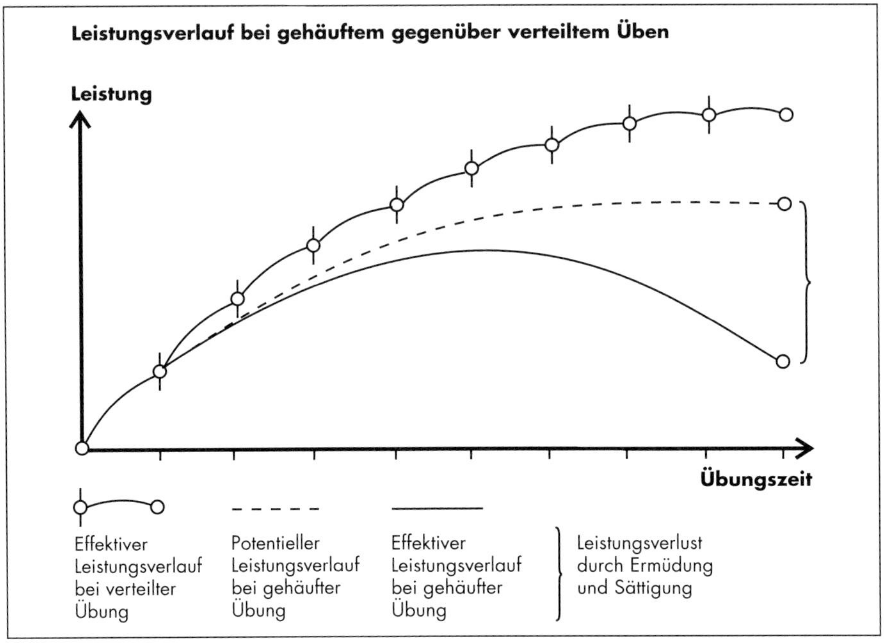

- Bei längeren Lernetappen sind Pausen wichtig,
- zudem ein bewusstes Umschalten von einem Gebiet zum andern, vom Lesen zum Schreiben, vom Überblick zu den Einzelheiten usw.

In gleicher Weise behalten wir den Lernstoff besser im Gedächtnis, wenn wir ihn mehrmals kurz wieder auffrischen. Manche Dinge speichern wir auf Anhieb, andere müssen wir uns immer wieder einprägen. Es empfiehlt sich deshalb ein flexibles Vorgehen: Bereits gelernte Inhalte sollen nicht ständig wiederholt werden; jene, die wir nicht so leicht behalten können, erfordern dagegen mehr Aufmerksamkeit.

Müssen Einzelheiten auswendig gelernt werden – wie dies beispielsweise bei den Wörtern einer Fremdsprache, bei chemischen Formeln, Begriffen, Namen usw. der Fall ist – empfiehlt es sich, mit Lernkärtchen zu arbeiten. Auf jedes Kärtchen oder jeden Zettel wird ein zu lernendes Wort geschrieben, auf die Rückseite, wofür es steht.

Beispiele

	Vorderseite	*Rückseite*
Fremdsprache	Fremdwort	Deutsche Übersetzung
Chemie	Formel	Erklärung
Erdkunde	Land	Hauptstadt
Geschichte	Ereignis	Jahreszahl

träumen

Vorderseite

to dream, dreamt, dreamt

Rückseite

Diese Zettel nehmen wir nun der Reihe nach vor und versuchen, zu den Begriffen auf der Vorderseite die entsprechenden der Rückseite zu erinnern. Gelingt uns dies, legen wir das Kärtchen zur Seite, klappt es nicht, kommt das Kärtchen wieder in den Stapel. Gemäß obigem Lerngesetz, beschäftigen wir uns täglich nur kurz mit diesem Spiel.

Gibt es Inhalte, die Sie auswendig lernen müssen?

Eignen sich diese Kärtchen dafür?

Müssen Sie oft auswendig lernen, können Sie prüfen, ob eine bewährte Schülerhilfe sich auch für Sie eignet: Eine Schachtel wird in fünf Fächer unterteilt. Alle neuen Lernkärtchen kommen zuerst ins erste Fach. Beim Abfragen stecken Sie jene Kärtchen, an deren Vokabeln, Formeln oder Zahlen Sie sich richtig erinnern, ins zweite Fach, die andern bleiben im ersten. Am nächsten Tag prüfen Sie erneut die vordersten Zettel und verfahren in gleicher Weise. Haben sich im zweiten Fach eine Anzahl Zettel angesammelt, nehmen Sie diese wieder zur Hand: Was Sie immer noch wissen, kommt ins dritte Fach, was Sie vergessen haben, zurück ins erste. Gleiches gilt für das vierte und fünfte Fach. Begriffe, die auf diese Weise über mehrere Wiederholungen den Weg bis ins hinterste Fach zurückgelegt haben, sind zuverlässig gelernt.

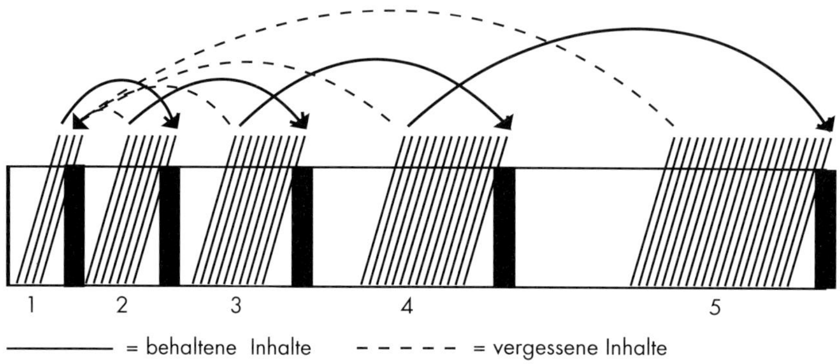

H. Gedächtnisforschung: Unser Aufnahmevermögen ist begrenzt

»Mein Gedächtnis wird immer schlechter«, klagen viele Erwachsene, »jetzt habe ich schon wieder vergessen, den Brief zu schreiben, den Zahnarzt anzurufen, und den neuen Mitarbeiter muss ich schon zum zweiten Mal bitten, mir seinen Namen zu wiederholen!«

Wer an sich den Anspruch stellt, nichts zu vergessen, verkennt, wie das menschliche Gedächtnis funktioniert. Es kann ja nicht darauf angelegt sein, alles zu behalten, was wir erleben, was um uns vorgeht. Nur einen Teil unserer Umgebung nehmen wir wahr, nur mit einen Teil dessen, was wir wahrnehmen, setzen wir uns bewusst auseinander, und von den Inhalten, mit denen wir uns befassen, speichern wir wiederum nur einen Teil.

Gleichzeitig können wir nur wenige Elemente aufnehmen. Wichtig ist deshalb, dafür zu sorgen, dass es die richtigen Elemente sind – und dabei die Funktionsweise des Gedächtnisses zu berücksichtigen. Nur was für uns bedeutsam ist und was mit bereits vorhandenem Wissen sinnvoll verknüpft werden kann, vergessen wir nicht. Die gleichen Inhalte (beispielsweise die Nachrichten der Tagesschau) werden von manchen Leuten sofort wieder vergessen, weil es für sie zusammenhangslose Einzelheiten sind. Andere aber, die die jeweiligen Hintergründe und Zusammenhänge kennen, nehmen die Neuigkeiten auf und behalten sie.

Sicher haben Sie auch schon phantastische Gedächtnisleistungen bewundert, die beispielsweise Kandidaten in Fernsehsendungen (»Wetten dass«) zeigen: Hunderte von Zahlen, Namen oder Einzelheiten werden innerhalb kürzester Zeit gespeichert oder mit großer Sicherheit vorwärts und rückwärts oder in beliebiger Reihenfolge aufgesagt. Solche Gedächtnisleistungen beruhen auf Strategien, die sich jedermann aneignen kann:

Auch Gedächtniskünstler brauchen Stützen

- Bilder, Wörter und Geschichten als Gedächtnisstützen:
  Einzelheiten, die für sich allein keine Bedeutung haben (Zahlen, Daten), können durch Verbindungen oder leicht zu merkende Bilder oder Wörter erinnert werden (s. Kasten).
- Namen:
  Entsprechende Techniken können uns helfen, Namen zu erinnern. Auffälligkeiten im Aussehen werden mit dem Namen zu einem möglichst originellen Bild zusammengefügt.

Mit etwas Konzentration und Ausdauer lassen sich diese Techniken leicht erlernen. Die meisten Leute ziehen es allerdings vor, ihr Gedächtnis zu entlasten und beispielsweise Agenden, Telefonverzeichnisse und Einkaufslisten zu benutzen ...

Die Verknüpfungen dienen somit als Erinnerungshilfen. Wir können entweder die angegebenen bewährten Stützen benutzen oder uns aus unseren persönlichen Interessen eigene »Brücken« bauen: Eine Person erinnert sich an eine bestimmte Zahl, weil sie dem Köchelverzeichnis eines Mozartwerkes entspricht, für eine andere dienen sportliche Rekordmarken (Weltrekord im Hürdenlauf) als Anker. Je nach eigenem Gedächtnistypus können sich manche Bilder, andere Zahlen und dritte Geschichten gut merken.

Einzelne Wörter oder Gegenstände können erinnert werden, indem sie zu einer möglichst ausgefallenen Geschichte zusammengefügt werden. Durch die Verbindungen müssen weniger einzelne Elemente gelernt werden. Wichtig für das Ergebnis ist natürlich auch, dass wir uns dem Lerninhalt dadurch bewusst zuwenden.

Bekannt sind »Eselsbrücken«, bei denen eine Regel oder eine schwierig zu merkende Einzelheit in einen Reim oder leicht einzuprägenden Spruch gefasst werden: »Auf der Oder schwimmt kein Graf« (erinnert an

Gedächtnistechniken

Ersatzkonsonanten

Anwendung:

Zum Lernen langer Zahlenreihen oder Telefonnummern.

Jede Zahl wird durch einen Konsonanten ersetzt, der leicht zu merken ist.
Durch Dazwischenschieben von Vokalen können sinnvolle Wörter gebildet werden, die leichter erinnert werden als Zahlen.

Verwendet werden folgende Konsonanten und Erinnerungshilfen:

1	=	t, d	(Erinnerungsstütze: 1 hochragender Strich)
2	=	n, x	(Erinnerungsstütze: 2 Abstriche)
3	=	m, w	(3 Abstriche)
4	=	q, r	(von französisch «quatre«)
5	=	s, sch	(ähnliche Form)
6	=	b, p	(b = ähnliche Form wie 6, p = ähnlicher Klang wie b)
7	=	f, v	(ähnliche Form, ähnlicher Klang)
8	=	ch, h	(kommt im Wort »acht« vor)
9	=	g, k	(ähnliche Form, ähnlicher Klang)
0	=	z, l	(kommt **z**u**l**etzt)

Beispiel: Telefonnummer 56 22 45

Ersatzkonsonaten:	5	6	2	2	4	5
	s	b oder p	n	n	r	s

Gebildet werden kann das Wort »**Sp**a**n**ie**nr**ei**s**e«

Gedächtnistechniken

Bilder

Anwendung:

Wenn Reihenfolgen oder Zahlenfolgen gemerkt werden müssen, werden sie zu phantasievollen Bildern zusammengefügt. Die Bilder zu den einzelnen Zahlen sind leicht zu merken.

1 Kerze

2 Schwan

3 Dreizack

4 Kleeblatt

5 Hand

6 Schlange

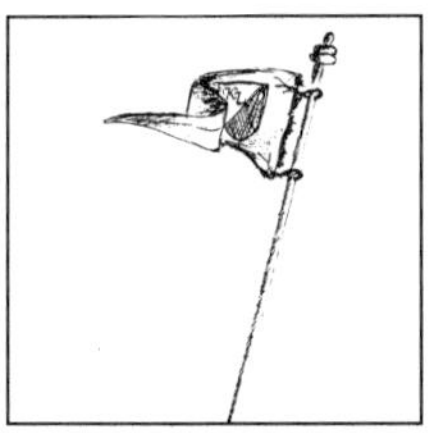

7 Fahne

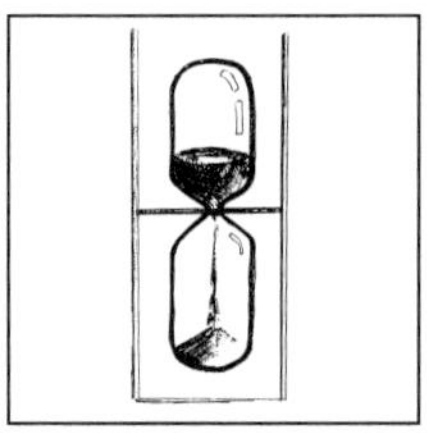

8 Sanduhr

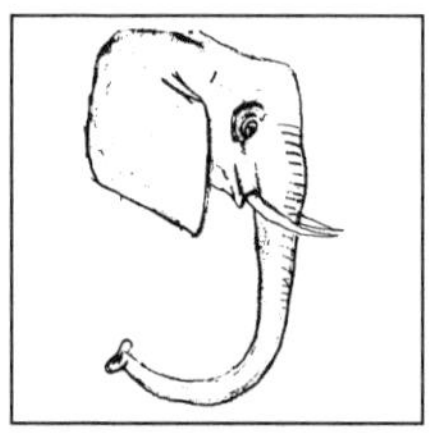

9 Elefant

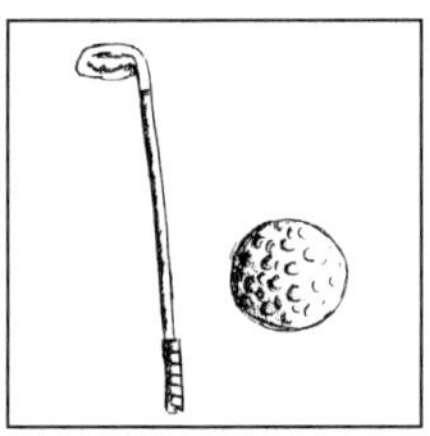

10 Golf

11 Türme

12 Wecker

Gedächtnistechniken

Umsetzen von Wörtern zu Bildern

Anstelle der Wörter stellt man sich möglichst originelle Bilder vor (nach Vester 1975).

Beispiele:

Seil

Wolkenkratzer

Wurm

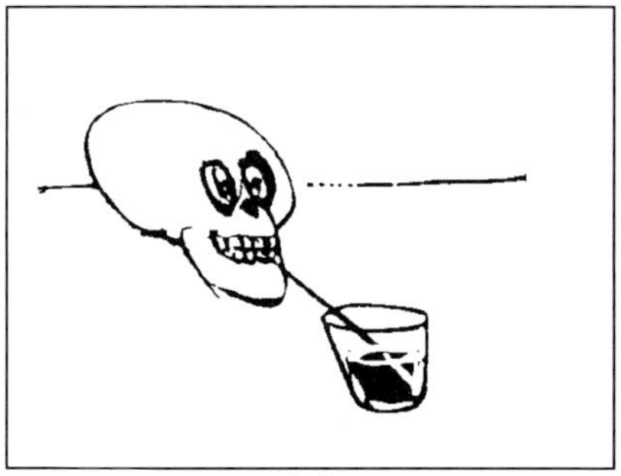

Gift

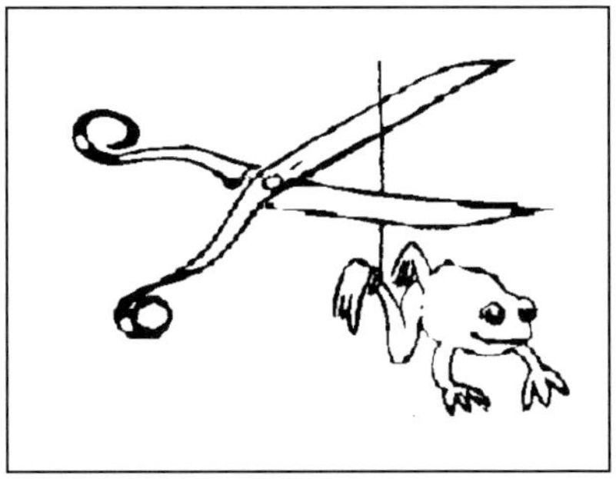

Schere

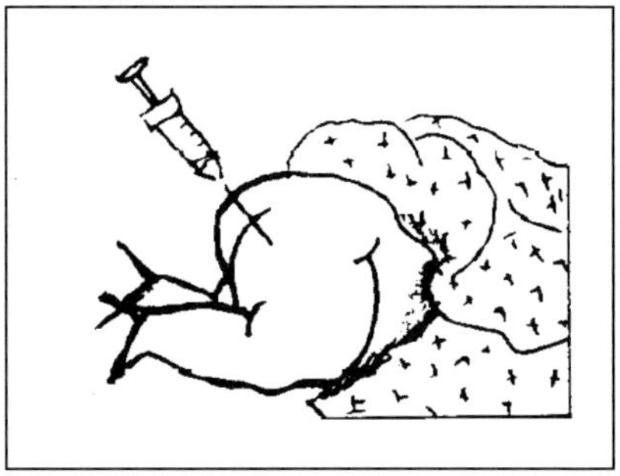

Spritze

die unterschiedliche Schreibweise des Wörtchens »ou« = »oder« und »où« = »wo« im Französischen). Solche Eselsbrücken kann man sich mit etwas Phantasie leicht selbst bauen.

Nicht nur die Dauer der Lernzeit (vgl. oben) spielt eine Rolle, sondern auch die vorangehenden und die folgenden Tätigkeiten. Wenn sich mehrere ähnliche Lernelemente folgen, fällt uns das Behalten schwerer. Beispiel: Stundenlanges Lernen von Englischwörtern vermindert die Leistung. Die Lern- und Erinnerungsleistungen sind aber auch geringer, wenn anschließend an Französischwörter noch spanische Vokabeln gepaukt werden.

Zusammenfassung

- Die genannten Erkenntnisse sind zwar allgemein gültig, sie kommen aber nicht alle in einer Lernphase zur Anwendung.
- Je nach Situation steht ein anderer Aspekt im Vordergrund. Daraus erklärt sich der scheinbare Widerspruch beispielsweise zwischen einsichtigem Lernen und Lernen nach Versuch und Irrtum.
- Für die Entscheidung, welche Strategien wir anwenden, ist vor allem wichtig, ob die Situation für uns überschaubar ist oder nicht.

Übung

Die acht erwähnten Lerngesetze stellen Schlussfolgerungen dar, deren Beachtung sich für jeden Lernenden empfiehlt. Es lohnt sich deshalb, sich intensiv damit auseinanderzusetzen. Überlegen Sie, wie Sie sich die wichtigsten Ergebnisse durch eine eigene Bearbeitung und Darstellung am besten merken können. Eine Möglichkeit besteht darin, die Beschreibungen und Auswirkungen der einzelnen Gesetze in einer Tabelle zusammenzufassen, eine andere, eine Skizze anzufertigen. Welches Vorgehen entspricht Ihnen am meisten? Ein Beispiel finden Sie im Anhang auf Seite 211.

Persönliche Schlussfolgerung

Welche Information war für mich besonders wichtig?

Welche Erkenntnis habe ich bisher zu wenig beachtet?
(siehe Tabelle Seite 57)

Welche Möglichkeit sehe ich, dies in Zukunft vermehrt zu tun?

Persönliche Schlussfolgerungen

	Ja	Nein	Bemerkungen
A. Signallernen			
B. Lernen nach Versuch und Irrtum			
C. Einsichtiges Lernen			
D. Soziales Lernen			
E. Individuelle Voraus-setzungen			
F. Eigenes Tun			
G. Sinnvolle Planung			
H. Gedächtnis-forschung			
...			

Welche Lerntypen gibt es?

Frau Meier lernt am besten, wenn sie einen »festen Rahmen« und einen kompetenten Lehrer hat. Sie meldet sich deshalb zu einem Buchhaltungskurs an. Die regelmäßig stattfindenden Lektionen, der verständnisvolle Leiter, das gut aufgebaute Lehrbuch und die klar definierten Aufgaben erleichtern ihr Fortkommen.

Frau Huber hat eine starke Abneigung gegen schulisches Lernen. Eine Freundin erzählt ihr von Sprachlernkursen, bei denen auf völlig andere Weise vorgegangen wird. Neugierig nimmt sie an einer Probelektion teil. In freundlichen Räumen, bei Musik und in entspannter Haltung überwindet sie schnell ihre Skepsis und ihre Angst.

Herr Müller lernt am liebsten an seinem Schreibtisch aus schriftlichen Unterlagen, zu Zeiten, die er selbst bestimmen kann. Er entschließt sich nach genauer Prüfung verschiedener Angebote für einen Fernkurs, der alle ihn interessierenden Wissensgebiete umfasst. Da nur gelegentlich ergänzende Kurse stattfinden, er aber auch den Stoff diskutieren möchte, schließt er sich mit zwei Kollegen zu einer Lerngruppe zusammen. Regelmäßig treffen sie sich, wobei sie vorher die Themen und die Art der Vorbereitung festlegen.

Herr Zoller sucht beim Lernen vor allem auch den Austausch mit anderen und möchte seine eigenen Erfahrungen einbringen. Er beginnt deshalb einen Kurs, in dem viel diskutiert und in Gruppen gearbeitet wird.

Es gibt nicht nur eine und nicht die beste Lernmethode. Den unterschiedlichen Persönlichkeiten entsprechen unterschiedliche Lernstile – die in keiner Beziehung zur Intelligenz stehen. Wohl aber können die Leistungen davon abhängen, ob das gewählte oder verlangte Vorgehen dem eigenen Stil entspricht. Wenn wir uns Vorbilder nehmen, den Lehrer oder Kollegen nachahmen, sind Enttäuschungen möglich, weil wir vielleicht nicht die gleichen Erfahrungen mit deren Methoden machen wie sie.

Die meisten Erwachsenen haben sich im Verlauf ihrer Ausbildung an bestimmte Vorgehensweisen und Lernmethoden gewöhnt und halten sie für selbstverständlich, stellen sie nie mehr in Frage. Oft erfolgte die ursprüngliche Wahl aber zufällig.

Alle Lernenden sind auf Erfolgserlebnisse angewiesen, um Ängste und Selbstzweifel abzubauen. Den eigenen Lernstil zu kennen, ist deshalb wichtig. Auch wer Bücher schreibt oder Kurse erteilt, hat einen persönlichen Lernstil, der sich auf die Darstellung und Vermittlung auswirkt. Wenn Lernende diesen Lernstil und den Unterschied zu ihrem eigenen bewusst wahrnehmen, können sie entsprechende Umstellungen vornehmen.

Natürlich ist nicht jeder Stil für jede Situation geeignet. Lernziel und Lernweg lassen sich nicht trennen. Wenn ich in erster Linie Wissen erwerben will, sind andere Vorgehensweisen erforderlich, als wenn es darum geht, dass ich mir über meine Gefühle, mein Verhalten in bestimmten Situationen Klarheit verschaffen will. Es wird deshalb auch erforderlich sein, mehrere Methoden zu pflegen und weiterzuentwickeln.

Beim Lernen sind viele verschiedene Vorgehensweisen möglich. Welcher Lernstil entspricht Ihnen? Welches waren Ihre wichtigsten Lernerfahrungen der letzten Jahre? Auf welche Weise haben Sie sie gemacht?

Der Fragebogen soll Ihnen helfen, sich Klarheit über Ihren persönlichen Lernstil zu verschaffen. Überlegen Sie bitte, welche von den nachstehend aufgeführten Lernarten Sie schon angewandt haben, und kreuzen Sie die entsprechenden Kolonnen an:

Häufigkeit:
x = habe ich schon öfter gemacht
xx = so gehe ich meistens vor

Einstellung:
x = so lerne ich gerne
xx = so macht es mir am meisten Spaß

Erfolg:
x = damit habe ich gute Erfahrungen gemacht
xx = dabei ist der Lernerfolg am größten.

Beispiel

Herr Zoller hat die Erfahrung gemacht, dass er Lernstoff am besten versteht, wenn er Fragen darüber beantworten muss. Er lernt aber meistens in einem Kurs, in dem hauptsächlich der Kursleiter spricht, nur gelegentlich in einer Lerngruppe. Er beantwortet deshalb Frage 12 wie folgt:

	Häufigkeit	Einstellung	Erfolg
12. Jemand stellt mir Fragen dazu	x	xx	xx

Vor allem in der amerikanischen Literatur gibt es eine Vielzahl von erprobten Fragebogen zum Lernstil mit entsprechenden Auswertungen zur Ermittlung des individuellen Typus. Der vorliegende Fragebogen soll Sie jedoch nur auf verschiedene Aspekte aufmerksam machen und Sie anregen, sich diese Fragen einmal zu stellen, Ihr Vorgehen und mögliche Alternativen zu überprüfen. Es geht darum, sich selbst besser kennen zu lernen und allenfalls auch sein Repertoire zu erweitern.

Fragebogen Lernstil

	Häufigkeit	Einstellung	Erfolg
A. Vermittlung durch andere			
1. Ich erhalte gute mündliche Erklärungen			
2. Ich betrachte Abbildungen/Grafiken/Kurven dazu			
3. Ich sehe einen Film			
4. Ich lese ein gut aufgebautes Fachbuch			
5. Ich schaue bei fachgerechten Experimenten oder bei der Handhabung eines Gerätes zu			
6. Fachleute planen für mich			
7. Der Stoff ist einfach			
8. Das Lernen macht mir Spaß			
9. Die größeren Zusammenhänge werden mir erklärt			
10. Ich erhalte viele Beispiele			
11. Der Stoff ist humorvoll oder komisch formuliert			
12. Jemand stellt mir Fragen dazu			
13. Ich erhalte zuerst einen Überblick, eine Zusammenfassung			
14. Ich lerne möglichst frühzeitig auswendig			
15. Ich weiß genau, was von mir verlangt wird			
16. Mir sind Fristen gesetzt			
17. Ich erhalte genügend Rückmeldungen über meine Lernfortschritte			
B. Eigenes Erarbeiten			
18. Ich setze selbst die Ziele			
19. Der Lernstoff ist für mich sehr wichtig			
20. Ich kontrolliere selbst meine Fortschritte			

Fragebogen Lernstil (Fortsetzung)

	Häufigkeit	Einstellung	Erfolg
21. Ich kann die Schlussfolgerungen aus früheren Kenntnissen ableiten			
22. Ich kann einen Vorgang genau beobachten			
23. Ich suche selbst passende Texte, ich suche Informationen aus verschiedenen Büchern zusammen			
24. Ich kann selbst Schwerpunkte setzen			
25. Ich kann in meinem eigenen Tempo vorangehen			
26. Ich überlege mir die beste Reihenfolge und Lernmethode			
27. Ich kann etwas selbst machen, ausprobieren, durchführen			
28. Ich stelle Fachleuten Fragen			
29. Ich wiederhole den Stoff am Abend oder am nächsten Tag			
30. Ich mache mir Notizen			
31. Ich erstelle selbst Tabellen oder Karteikärtchen			
32. Ich zeichne selbst Grafiken oder Kurven			
33. Ich kann einen Gegenstand anfassen und bewegen			
34. Der Stoff ist kompliziert, ich muss mich anstrengen			
35. Ich überlege zuerst, welches die wichtigsten Punkte sind			
36. Der Lernstoff hängt mit meinen persönlichen Erfahrungen zusammen			
37. Ich kann meine früheren Kenntnisse einbringen			
38. Ich kann verschiedene Meinungen und Informationen miteinander vergleichen			

Fragebogen Lernstil (Fortsetzung)

	Häufigkeit	Einstellung	Erfolg
39. Es kommt auf Schnelligkeit an			
40. Es kommt auf Genauigkeit, Gründlichkeit an			
41. Ich gliedere und ergänze den Stoff selbst			
C. Soziale Situation			
42. Ich erkläre den Stoff anderen			
43. Ich kann den Stoff mit anderen diskutieren			
44. Ich stehe in einem Wettbewerb mit anderen			
45. Ich setze mich allein mit dem Stoff auseinander			
46. Ich habe Kolleginnen oder Kollegen mit einem ähnlichen Wissensstand			
47. Ich kann von erfahrenen Leitungspersonen profitieren			
48. Die Atmosphäre ist entspannt			
49. In der Gruppe wird auch gelacht			
D. Lernumgebung			
50. Ich lerne nachts			
51. Ich lerne frühmorgens			
52. Ich werde nicht gestört			
53. Ich lerne mit Musik			
54. Ich bewege mich			
55. Ich trinke oder rauche zwischendurch			

Es gibt keine richtigen und falschen Antworten. Vielleicht sind Wege dabei, die Sie noch nie ausprobiert haben, die Ihnen aber Spaß machen würden. Oder Sie entdecken, dass Sie aus Anpassung an andere meistens Vorgehensweisen wählen, die Ihnen gar nicht liegen. Überlegen Sie, welche Möglichkeiten Sie haben, vermehrt von Ihren Vorlieben auszugehen.

Prüfen Sie Ihre Antworten: Welches Vorgehen haben Sie bisher am häufigsten gewählt?

Welches macht Ihnen am meisten Spaß? In welcher Lernsituation fühlen Sie sich besonders wohl (einzeln und unabhängig oder gemeinsam in einer Gruppe, durch Sehen und Lesen oder durch Hören und Diskutieren, mit einem bestimmten äußeren Rahmen oder möglichst den eigenen Bedürfnissen angepasst)?

Mit welchem haben Sie den größten Erfolg?

Wovon hängt Ihre Konzentration ab? Lassen sich bestimmte Muster erkennen?

Lassen Sie sich lieber leiten, vertrauen Sie auf die Erfahrungen und Kenntnisse von Fachleuten oder ziehen Sie ein eigenes Erarbeiten, das Lernen in Gruppen vor?

Haben Sie das Bedürfnis, selbst den Dingen auf den Grund zu gehen, zu hinterfragen, verschiedenen Informationen einander gegenüber zu stellen, Vor- und Nachteile abzuwägen?

Liegt Ihnen das praktische Austesten, wollen Sie eigene Erfahrungen machen?

Stimmen die drei Kolonnen (Häufigkeit, Einstellung, Erfolg) überein?

ja / weitgehend / teilweise / kaum / nein

Welche Schlussfolgerungen wollen Sie daraus ziehen?

Besprechen Sie Ihre Schlussfolgerungen auch mit Ihren Bekannten und in Ihrer Lerngruppe.

Stimmen deren Wahrnehmungen und Einschätzungen mit Ihren überein?

Die verschiedenen Vorlieben und Vorgehensweisen lassen sich als unterschiedliche Lerntypen beschreiben. So kann gefragt werden, welche Sinnesorgane beim Lernen im Vordergrund stehen, auf welche Art die Informationen am leichtesten aufgenommen werden:

- Wer durch Sehen und Beobachten lernt, gehört zum *visuellen* Lerntyp.
- Wer durch eigenes Tun und nachvollzogene Handlungen lernt, wird als *haptischer* Lerntyp bezeichnet.
- Der *Gesprächstyp* lernt durch die sprachliche Auseinandersetzung und das Verstehen im Dialog.
- Der *verbal-abstrakte* Lerntyp nimmt am besten durch das Lesen und Hören von abstrakt dargebotenem Wissensstoff auf.
- Beim *auditiven* Lerntyp steht das Zuhören im Vordergrund.

Welche Lernformen für welchen Lerntyp?

Natürlich kommen die verschiedenen Lerntypen nicht in »reiner Form« vor: Jeder Mensch begegnet den unterschiedlichsten Lernsituationen, er muss und kann sich darauf einstellen. Während aber beispielsweise der auditive Lerntyp beim Zuhören übersehen kann, was um ihn vorgeht, wird der visuelle Lerntyp den Kommentar überhören, wenn er etwas Interessantes sieht.

Je nach Lerntyp sind andere Lernformen geeignet. Im vierten Kapitel (Seite 109) sind verschiedene Methoden, neuen Wissensstoff aufzunehmen, beschrieben. Ein auditiver Lerntyp hat die Wahl zwischen Kursbesuch, Vorträgen, Radiokursen, ein visueller zwischen Büchern, Fernkursen, ein haptischer wird sich um eigenes Handeln bemühen.

Andere Lerntypen lassen sich nach dem Vorgehen unterscheiden:

- *Vom Einzelnen zum Ganzen:*
  Vor allem lernungewohnte Erwachsene neigen dazu, den Stoff auswendig zu lernen, um ihn zu behalten. Sie trauen sich nicht zu, selbst von bestimmten Grundkenntnissen weitere Gedankengänge abzuleiten, gehen von den Einzelheiten aus und lernen einen Abschnitt nach dem andern. Der Lernaufwand ist bei dieser Art zu lernen groß, und entsprechend schnell erlahmen Lernenergie und Lerneifer. Kommen immer weitere neue Informationen hinzu, lässt sich das Vorgehen nicht aufrechterhalten. Entmutigt geben die Lernenden auf und glauben, nicht mehr lernen zu können.
- *Von der Übersicht zu den Einzelheiten:*
  Ein sinnvolleres und rationelleres Vorgehen besteht darin, beim Aufnehmen von Wissen das Typische und Wichtige zu suchen. Wer auf diese Weise lernt, geht von einer Übersicht aus, prüft die Gliederung und die Zusammenhänge und ordnet erst dann die Einzelheiten ein. Anstatt auswendig zu lernen, bedienen sich die Lernenden somit eigener wichtiger Grundkenntnisse, die ihnen dann als Anhaltspunkt für weitere Überlegungen gelten. Weil Konzepte und Strukturen leichter zu behalten sind als Einzelheiten, kommen sie auch schneller voran. Dieser Lerntyp gewinnt Sicherheit beim Erwerb neuen Wissens, und diese Sicherheit wirkt ermutigend.

Den Lernenden ist deshalb zu empfehlen, ihre Vorgehensweisen zu überprüfen und ihre Strategien entsprechend weiterzuentwickeln:

- An erster Stelle soll nicht das Auswendiglernen stehen, sondern ein Überblick über den Stoff.
- Beim Lernen gehen wir vom Verständnis aus, bemühen uns um die Zusammenhänge.

Dies ist am Anfang sicher nicht einfach. Verschiedene Übungen dieses Buches sollen Ihnen dabei helfen. Weitere Hinweise finden Sie im vierten (Lesen, Kursbesuche) und fünften (Verarbeiten) Kapitel.

Welche Schlussfolgerungen haben Sie für sich gezogen?

Vor- und Nachteile verschiedener Informationsquellen

Den erwachsenen Lernenden stehen viele Möglichkeiten offen, wie sie ihre Lernziele erreichen können. Wofür sie sich entscheiden, ob sie einen Weg bevorzugen oder eine Kombination verschiedener Quellen wählen, hängt sowohl von ihren Lernzielen als auch ihren persönlichen Vorlieben, ihrem Lernstil ab.

Eine erste wichtige Entscheidung betrifft die Frage, ob wir uns weitgehend selbstständig mittels schriftlicher Unterlagen weiterbilden wollen, Veranstaltungen besuchen oder uns für andere Wege entscheiden. Es bestehen zahlreiche Angebote, die den unterschiedlichsten Zielsetzungen entsprechen. Die nachfolgende Tabelle gibt dazu eine erste Übersicht.

Informationsbedürfnisse

	Gedruckte Unterlagen	Andere Quellen
Erarbeiten von Grundlagen, Systematische Einführung	Standardwerke, Fernkurse	Schulungskurse, Lehrgänge, Ausbildungen
Möglichst vollständiger Überblick über Spezialgebiete	Bibliographien, Kataloge, Fachbücher, Datenbank-Recherchen über Vermittler	Dokumentationsstellen, Online-Datenbankabfragen, Informationsdienste
Erarbeiten neuer Kenntnisse	Bücher	Betriebliche und allgemeine Weiterbildungskurse, Seminare, Studienreisen
Auf dem Laufenden bleiben, Wissen aktualisieren	Fachzeitschriften, Zeitungen, Profildienste, Zeitungsausschnittdienst, Referatezeitschriften	Tagungen, Messen, Fortbildungsveranstaltungen, BTX/Videotext, Massenmedien, Mailinglisten
Einzelfragen	Nachschlagewerke, Lexika, Broschüren	Beratungsstellen, Fachleute, Wissenschaftsläden, Forschungsstellen via E-Mail/CD-ROM, Internet

Weitere Hinweise zu den einzelnen Typen und Formen finden sich im Kapitel 4.

Wie die Tabelle zeigt, können wir die meisten Lernziele sowohl über schriftliche als auch über mündliche oder andere Quellen erreichen. Bevor wir uns für einen Weg entscheiden, sollten wir die Vor- und Nachteile gegeneinander abwägen:

Vorteile der gedruckten Unterlagen

- Das menschliche Aufnahmevermögen ist begrenzt; innerhalb eines bestimmten Zeitraumes können wir nur eine beschränkte Zahl von Informationen zur längeren Speicherung aufnehmen. In schriftlichen Unterlagen können wir nachschlagen und wieder auffrischen, was sonst für uns verloren wäre.
- Während wir bei Vorträgen, Kursen und vor allem Fernsehinformationen an den Aufbau, die Auswahl, Detailliertheit oder Ausführlichkeit der Mitteilenden gebunden sind, können wir bei schriftlichen Unterlagen selbst bestimmen, welchen Abschnitten wir uns zuerst oder mit besonderer Aufmerksamkeit zuwenden und welche wir nur überfliegen oder beiseite lassen. Wir können uns zuerst einen Überblick verschaffen, durchblättern und beim Bearbeiten jederzeit zurückblättern, Unklares mehrmals lesen und überprüfen, ob wir etwas richtig verstanden haben.
- Wir können von unserem eigenen Tempo ausgehen, sowohl die Dauer der einzelnen Lernetappe als auch die Häufigkeit und Intensität des Lernens bestimmen.
- Das Angebot an schriftlichen Informationen ist sehr groß und ermöglicht uns deshalb eine Auswahl, die auf unsere Fragen und Ziele zugeschnitten ist.
- Wir können unsere Überlegungen, Fragen, Zusammenfassungen direkt notieren, wenn uns das Buch gehört, durch Markierungen und Eintragungen, sonst durch Zettel und Notizen.
- Wir können immer wieder innehalten, zusammenfassen und prüfen, was wir verstanden haben.

Vorteile von Kursen

- Der direkte Kontakt mit den Wissensvermittelnden ermöglicht es uns, Fragen zu stellen, nachzuhaken, um zusätzliche Erklärungen zu bitten, wenn etwas unverständlich scheint.
- Kursleiterinnen und Kursleiter haben die Möglichkeit, Aufbau, Wortwahl und Anspruchsniveau auf die Teilnehmenden abzustimmen.
- In Kursen und Seminaren profitieren wir nicht nur vom Fachwissen der Leitenden, sondern auch von den Fragen, Anregungen, Ideen und Beiträgen der anderen Teilnehmenden, wir werden noch mit anderen Sichtweisen konfrontiert.
- Durch Diskutieren und Formulieren werden wir oft erst gewahr, wo die Unklarheiten liegen, wie ein Problem angegangen oder auf verschiedene Weise gesehen werden kann.
- Festgesetzte Kurstermine geben uns einen äußeren Rahmen und erleichtern unsere Zeitplanung. Die Lernmotivation ist in Gruppen oft besser als bei der einsamen Auseinandersetzung mit Büchern. Für viele sind die Gelegenheiten zum Kontakt und Austausch mit andern die wichtigsten Lernmotive.
- Unsere Lernfortschritte werden regelmäßig von anderen überprüft, wir erhalten eine Rückbestätigung, ob wir richtig verstanden haben, vorwärts kommen.
- Lektionen, das Lernen in Kursen sind allen Erwachsenen aus der Schule vertraut und erfordern keine neuen Techniken.
- Viele Lernende hören lieber zu als dass sie lesen.

Vorteile der neuen Informationstechnologien

- Sie können an die individuellen Ziele und Bedürfnisse angepasst werden.
- Sie sind aktueller, weil neue Informationen und Korrekturen viel schneller eingebaut werden können als beispielsweise in gedruckten Unterlagen.
- Computerprogramme können flexibel reagieren, auf typische Fehler eingehen und dort ansetzen, wo Fragen bestehen, wo spezielle Lücken und Probleme sind.
- Sie sind auch für das Einüben und Wiederholen geeignet.

- Über Internet besteht ein direkter Zugang zum weltweiten Informationsangebot.
- Computer können auch komplexe Funktionen übernehmen, Simulationen ermöglichen, Zusammenhänge und Wechselwirkungen aufzeigen.
- Lernende können am PC Entscheidungen fällen, etwas ohne negative Folgen erproben.
- Durch Verknüpfungen (links) können Zusammenhänge und Erklärungen schnell und anschaulich vermittelt werden.

Wie sich aus dieser Gegenüberstellung ergibt, weisen die verschiedenen Hauptformen des Lernens unterschiedliche Vorteile auf. Welche wir stärker gewichten und für welche Form wir uns deshalb entscheiden, hängt von unseren persönlichen Vorlieben ebenso wie der Situation ab. Oft ist es günstig, sich durch eine Kombination verschiedener Vorgehensweisen die Vorteile mehrerer Lernarten zu sichern und beispielsweise Kurse durch die Lektüre von Büchern oder durch das selbstständige Erarbeiten mit PC-Übungsprogrammen zu ergänzen.

3. Äußere und innere Vorbereitung: Planung der Etappen, Bereitstellen der Ausrüstung

Zeitplanung

Keine Klage ist in der heutigen Zeit so verbreitet wie jene, keine Zeit zu haben. Seltsamerweise sind jedoch die meisten Menschen zwar gerne bereit, Hinweise über Notizen- oder Ordnungstechniken entgegenzunehmen, nicht aber, ihre Zeiteinteilung zu ändern. Viele erklären, dass sie den Druck brauchen, dass sie ohne äußere Termine nicht zu arbeiten und nicht zu lernen beginnen, sondern alles nur vor sich herschieben.

Prüfen Sie sich: Können Sie Ihre Zeit einteilen? Beginnen Sie rechtzeitig? Setzen Sie Ihre Zwischenziele fest und halten sich daran? Oder geht es Ihnen wie den meisten: Sie klagen zwar über die Belastung, bemühen sich aber nicht, sie abzubauen?

Welches sind Ihre Zeitprobleme?

	Welche der nachfolgenden Aussagen treffen auf Sie zu?	Ja	Nein
1.	Ich fühle mich eigentlich ständig unter Zeitdruck	☐	☐
2.	Obwohl ich den ganzen Tag beschäftigt bin, bleibt immer vieles unerledigt	☐	☐
3.	Ich habe oft am Abend das Gefühl, dass ich gerade für die wichtigen Dinge keine Zeit gefunden habe	☐	☐
4.	Ich habe oft meiner Familie gegenüber ein schlechtes Gewissen, weil ich zu wenig Zeit für sie habe	☐	☐
5.	Ich schlafe oft schlecht, weil ich an unerledigte Dinge denke	☐	☐
6.	Ich wünschte, der Tag hätte einige Stunden mehr	☐	☐
7.	Für mich selbst bleibt eigentlich nie Zeit	☐	☐
8.	Ich habe oft das Gefühl, dass alles an mir hängen bleibt	☐	☐
9.	Ich weiß nicht, wie ich die verschiedenen Verpflichtungen unter einen Hut bringen soll	☐	☐
10.	Pausen kann ich mir bei meiner Arbeit nicht leisten	☐	☐
11.	Es fällt mir schwer, mich zu entspannen	☐	☐
12.	Ich schlafe zu wenig	☐	☐
13.	Ich nehme häufig Schlaftabletten	☐	☐
14.	Ich arbeite häufig nachts	☐	☐
15.	Meine Arbeitszeiten sind sehr unregelmäßig	☐	☐
16.	Ich bitte oft um Entschuldigung, weil ich Termine nicht eingehalten habe	☐	☐
17.	Ich lasse alles auf mich zukommen	☐	☐
18.	Ich verabscheue alle Pläne, weil ich frei bleiben will	☐	☐
19.	Ich komme zu den meisten Verabredungen zu spät	☐	☐
20.	Ich kann am besten unter Zeitdruck arbeiten	☐	☐

Welches sind Ihre Zeitprobleme? (Fortsetzung)

Welche der nachfolgenden Aussagen treffen auf Sie zu?	Ja	Nein
21. Ich kann schlecht »nein« sagen	☐	☐
22. Ich habe gern ein volles Programm	☐	☐
23. Ich könnte mir ein Leben ohne Arbeit nicht vorstellen	☐	☐
24. Ich fange viele Dinge an, die ich dann nicht weiterführen kann	☐	☐
25. Ich kann selten lange bei einer Tätigkeit bleiben	☐	☐
26. Ich weiß eigentlich nicht, wo meine ganze Zeit bleibt	☐	☐
27. Ich unterschätze oft, wie viel Zeit mich manche Tätigkeiten kosten	☐	☐
28. Längerfristige Arbeiten schiebe ich meist bis zum letzten Moment auf	☐	☐

Auswertung

In welchem Abschnitt haben Sie am häufigsten mit »Ja« geantwortet?

1–9 Sie fühlen sich überlastet, mit mehr Arbeit und Aufgaben eingedeckt, als Sie erledigen können. Überlegen Sie, welche Bereiche für Sie wichtig sind und welche Planungsinstrumente Ihnen dabei helfen könnten. Anregungen dazu finden Sie auf den Seiten 81–88.

10–15 In Ihrem Tagesablauf bleibt Ihr Körperrhythmus weitgehend unberücksichtigt, was zu zusätzlichen Belastungen führt. Prüfen Sie die Informationen auf den Seiten 75–80.

16–28 Sie verzichten weitgehend auf eine eigene Planung, was zur Folge hat, dass Sie nicht von Ihren eigenen Prioritäten ausgehen, sondern von außen bestimmt werden. Überdenken Sie Ihr Vorgehen aufgrund der Anregungen auf den Seiten 89–98.

In allen Abschnitten überwiegen die Nein-Antworten:
Sie haben eine gute Beziehung zur Zeit. Zeitprobleme belasten Sie nicht. Prüfen Sie, von welchen anderen Kapiteln des Buches Sie profitieren können.

Persönliche Schlussfolgerung

Wo liegen meine Hauptprobleme hinsichtlich der Verwendung meiner Zeit?

Was weiß man über die Zeit?

❖ Tagesrhythmen und Schlafrhythmen

Der Mensch ist – ebenso wie Tiere und Pflanzen – tageszeitlichen Schwankungen unterworfen. Nicht nur viele Körpervorgänge, wie beispielsweise Herzschlag, Körpertemperatur, Blutzucker- und Blutfettspiegel, Nierenfunktion und Stoffwechsel verändern sich in Abhängigkeit von der Tageszeit. Auch Reaktionszeit, Rechengeschwindigkeit, Konzentrationsfähigkeit und die Stimmung verzeichnen regelmäßige tägliche Höhen und Tiefen, die dem Verlauf der Kurve (S. 76) entsprechen.

In Versuchen, in denen (freiwillige) Versuchspersonen ein bis drei Monate ohne jeden Hinweis auf die Tageszeit verbrachten (solche Hinweise sind beispielsweise das Tageslicht, Außengeräusche, Kontakte zur Außenwelt, Fernsehen oder Uhr), zeigte sich, dass die oben erwähnten Tagesrhythmen auch nach dieser Zeit erhalten blieben. Auffällig war allerdings, dass sie keinen genauen 24-Stunden-, sondern einen 25-Stunden-Takt hatten. Der »körpereigene Tag« dauert 25 Stunden – unsere innere Uhr wird aber normalerweise täglich »nachgestellt«. Dadurch verfügt der Körper über eine gewisse Leistungsreserve. Wir können bei Bedarf unseren wachen, aktiven Tag verlängern.

Weitere Versuche zeigen, dass sich der biologische Rhythmus durch »falsche Zeitgeber« (zum Beispiel durch starkes Licht, das sich in einem anderen als dem 24-Stunden-Takt mit Dunkel abwechselt) um bis zu zwei Stunden pro Tag (auf 23 oder 27 Stunden) verlängern oder verkürzen lässt.

Schwankungen der physiologischen Leistungsbereitschaft über 24 Stunden

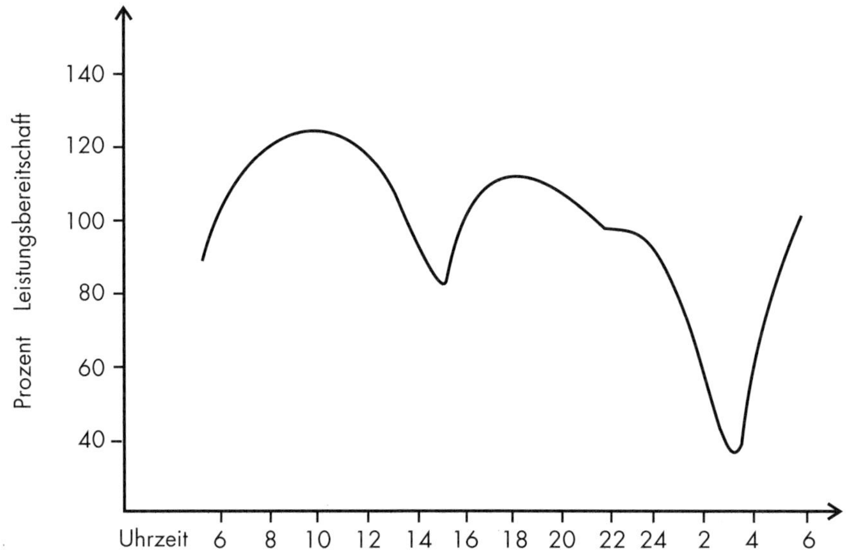

Es fällt schwer, zu arbeiten, wenn der Körper eigentlich auf Schlaf eingestellt ist, oder zu schlafen, wenn die innere Uhr auf Aktivität steht. Die Missachtung der Körperuhr kann zu körperlichen Beschwerden führen. Bei Schichtarbeit oder bei Reisen in andere Zeitzonen lässt es sich nicht vermeiden. Wenn wir unsere Tage selbst einteilen können, ist es empfehlenswert, sie im »körpereigenen Rhythmus« zu verbringen.

Berichten zufolge gehören Schlaftabletten zu den Medikamenten, die am häufigsten geschluckt werden. Viele Menschen können es nicht ertragen, schlaflos in ihrem Bett zu liegen. Auch wenn sie wissen, dass der durch Tabletten erzeugte Schlaf nicht den gleichen Erholungswert hat wie der natürliche Schlaf und außerdem die Gefahr der Abhängigkeit oder chronischer Schlafstörungen besteht, greifen sie weiterhin zur Tablette.

Zwei Gründe sind vor allem dafür verantwortlich:

- Die Betroffenen fürchten, ohne eine bestimmte Anzahl Schlafstunden am nächsten Tag nicht leistungsfähig zu sein.
- Sie wollen den Stunden einsamen Grübelns ausweichen.

Wenn wir zu wenig geschlafen haben, sind wir vielleicht schlecht gelaunt. Erstaunlicherweise ist es jedoch schwierig, Wirkungen auf unsere Leistungsfähigkeit nachzuweisen. In Untersuchungen konnten die Versuchspersonen kompliziertere Aufgaben auch noch nach 60 Stunden ohne Schlaf ebenso gut lösen wie im Normalzustand. Nur bei eintönigen Wiederholungsaufgaben sanken die Leistungen stark ab. Bei Arbeiten, die uns interessieren, für die wir gut motiviert sind, können wir somit durch erhöhten Einsatz die Wirkungen des Schlafmangels aufheben.

Die Angst, wegen einiger schlafloser Stunden in der Nacht vor einer Prüfung oder einem wichtigen Termin nicht voll leistungsfähig zu sein, ist somit unbegründet. Während der Stunden, in denen wir gefordert werden, können wir auch über unsere Kräfte verfügen.

Die Angst vor den schlaflosen Stunden

Meist ist es jedoch der zweite Grund, der uns die Schlaflosigkeit fürchten lässt. Einsame Nachtstunden können quälend sein: Die Probleme werden doppelt groß gesehen, Unsicherheiten, Befürchtungen bedrücken uns umso mehr, weil wir nicht aktiv werden können, warten müssen. Je heftiger wir den Schlaf herbeiwünschen, desto weiter entfernt er sich von uns.

In solchen Situationen kann uns auch bewusst werden, dass wir uns zu viel vorgenommen haben. Wir sehen die Zeit nur noch linear, wir wollen alles planen und unterdrücken unsere Bedürfnisse und Ängste.

Auch wenn wir klare Ziele für die Zukunft haben, dürfen wir ihr nicht die Gegenwart opfern: wir brauchen immer Zeit zum Innehalten, zum Nachdenken, für uns selbst.

Wenn wir uns dagegen nicht auf den Kampf einlassen, können wir auch die Nachtstunden positiv erleben. Wir entspannen uns, genießen die Stunden, die wir für uns allein haben. Oft fallen uns dabei auch Lösungen, nach denen wir tagsüber vergeblich gesucht haben, plötzlich ein. Manchmal hilft es auch, wenn wir aufstehen und alles, was uns durch den Kopf geht, schriftlich festhalten, um anschließend beruhigt schlafen zu können.

Entscheidend ist vor allem, dass wir nicht in Panik geraten, sondern uns von der Tatsache beruhigen lassen, dass wir eine (fast) schlaflose Nacht ohne weiteres verkraften können und der Körper sich den dringendsten Schlaf doch holt.

Arbeitszeit und Pausen

Erinnern Sie sich an die Rechenaufgaben, mit denen sich auch heute noch viele Schüler herumquälen: »Fünf Arbeiter benötigen zur Erledigung einer Aufgabe 16 Stunden. Nach wie vielen Stunden ist die Arbeit fertig, wenn sich acht Männer daran beteiligen?«

Dieser Art von Rechnungen liegt die Annahme zugrunde, dass die Stundenleistung eines Menschen – ebenso wie einer Maschine – stets dieselbe ist und Stundenleistungen deshalb zusammengezählt und multipliziert werden können wie Birnen oder Nüsse.

Diese Annahme ist jedoch falsch. Nicht nur bestehen offensichtliche Unterschiede zwischen verschiedenen Menschen. Auch der Einzelne ist keineswegs ständig gleichermaßen leistungsfähig. Verlängern oder verkürzen wir unseren täglichen Arbeitseinsatz, steigt oder sinkt die Gesamtleistung nicht in gleichem Maße.

Der Mensch ist keine Maschine

Diese Zusammenhänge sind schon lange bekannt. Entsprechende Erfahrungen wurden beispielsweise während des Ersten Weltkrieges gemacht: Um die Munitionsknappheit zu überwinden, wurden in den Fabriken Arbeitszeiten bis zu 100 Wochenstunden eingeführt. Die Folgen davon waren erstens schwere Gesundheitsstörungen bei den Arbeitern. Zweitens wurde die Produktion nicht nur nicht gesteigert, sondern nahm im Gegenteil noch ab. Wenn wir uns auf einen zehn- oder zwölfstündigen Arbeitstag einstellen, werden wir – bewusst oder unbewusst – unsere Kräfte einteilen und auf geringere Stundenleistungen kommen als wenn wir einen vier- oder fünfstündigen Einsatz erwarten.

Welche tägliche Arbeitszeit aus dieser Sicht zu empfehlen ist, lässt sich nicht allgemein gültig beantworten, sondern hängt von der Art der Arbeit, der Einteilung, von der eigenen Leistungsfähigkeit ebenso wie von der Motivation ab. Nach einer Untersuchung sind bei Arbeiten, die eine starke körperliche Beanspruchung mit sich bringen, im Allgemeinen mehr als sechs Stunden dauernde Einsätze nicht zu empfehlen, da die Gesamtleistung kaum mehr größer wird. Bei anderen Arbeiten, die eine gewisse Anlaufzeit erfordern, machen sich die Ermüdungserscheinungen ein bis zwei Stunden später bemerkbar.

Zu ergänzen ist dazu, dass sich die Ermüdung sehr spezifisch auswirkt: Sie bezieht sich nur auf jene Arbeiten, die sie hervorgerufen haben. Wechseln wir zu einer völlig anderen Tätigkeit, können wir uns wieder frisch und leistungsfähig fühlen.

Auch wenn es um *Pausen* geht, ist der Schluss von Maschinen auf Menschen unzulässig: Während bei Maschinen jeder Stillstand eine Leistungsminderung bedeutet, sind Pausen für den Menschen unentbehrlich und leistungsfördernd. Der menschliche Körper braucht den regelmäßigen Wechsel zwischen Anstrengung und Erholung, zwischen Arbeit und Ruhe. Untersuchungen zeigen, dass die Arbeitsleistung von Personen, die ohne Pausen arbeiten, durch die Ermüdung deutlich früher absinkt und von schlechterer Qualität ist als die Leistungen anderer, die zwischendurch abschalten. Versuchen wir, ohne Pausen durchzuarbeiten, werden wir – bei kritischer Selbstbeobachtung – bald feststellen, dass wir uns die erforderlichen Entspannungszeiten dennoch holen: Wir suchen beispielsweise umständlich nach etwas, wir spitzen Bleistifte, räumen Bücher hin und her oder schauen einfach aus dem Fenster und träumen. Der Erholungswert solcher »getarnter« Pausen ist jedoch geringer als wenn wir die Arbeit bewusst unterbrechen.

In welchen Abständen Pausen eingestreut werden sollten, hängt von der Art der Arbeit ab: Je intensiver und einseitiger unsere Aufmerksamkeit beansprucht wird, desto kürzer sollten die Etappen sein. Die Pausen selbst müssen nicht lang sein. Oft genügt es, wenn wir für eine Minute abschalten, uns zurücklehnen und tief Luft holen. Alle 30–45 Minuten stehen wir auf, öffnen das Fenster, gehen einige Schritte oder verschaffen uns sonst (durch einige Turn- oder Lockerungsübungen) etwas Bewegung. Jeweils in der Mitte des Vor- und des Nachmittags ist eine längere Pause zu empfehlen, bei der wir etwas trinken oder etwas Obst essen.

Schlussfolgerungen für die Zeiteinteilung beim Lernen

Aus den obigen Ausführungen und den bei den Lerngesetzen erwähnten Erkenntnissen (vgl. Seite 47) lassen sich folgende Schlussfolgerungen hinsichtlich der Zeiteinteilung beim Lernen ableiten:

- Wir vermeiden zu lange Lernetappen, um unser Gedächtnis nicht zu überfordern. Wenn wir umfangreiche Lernaufgaben zu bewältigen haben (beispielsweise vor großen Prüfungen), teilen wir den Stoff in überschaubare Portionen und beginnen rechtzeitig mit dem Lernen.
- Wir wechseln zwischen Aufnehmen (zum Beispiel Lesen) und Wiedergeben (durch schriftliches Zusammenfassen oder Diskussion in

einer Gruppe), gegebenenfalls auch zwischen verschiedenen Lerngebieten.

- Bei größeren Lernaufgaben schalten wir rechtzeitig Pausen ein.
- Je umfangreicher der Lernstoff und je langfristiger unsere Planung ist, desto wichtiger werden Wiederholungen. Die erste Wiederholung sollte möglichst bald nach dem Lernen stattfinden, die weiteren dann in zunehmend größeren Abständen.

Übung

Überlegen Sie sich für den nächsten Vormittag oder für Ihre nächste Lernetappe, welche Arbeiten anfallen. Planen Sie die beste Reihenfolge und vermerken Sie, wann Sie Zwischenpausen einschalten wollen.

Art der Arbeit	Dauer der Pause

Zeitbedürfnisse

Herr Müller gerät in Konflikt mit seiner Familie: »Immer sollen wir ruhig sein, weil du lernen willst«, schimpfen seine Kinder. »Du bist so abgehetzt und schlecht gelaunt«, beklagt sich seine Frau. Herr Müller aber weiß selbst nicht, wie er Beruf, Familie, Lernen und Lerngruppe in seinem Wochenablauf unterbringen kann, ohne sich ständig unter Stress zu fühlen. Er braucht doch auch Zeit zur Entspannung. Ob er sich zu viel vorgenommen hat?

Herr Zoller arbeitet im Schichtbetrieb. Es ist ihm deshalb nicht möglich, den Kurs regelmäßig zu besuchen. Nach dem Frühdienst hätte er zwar Zeit, die Fachbücher zu bearbeiten, doch kann er sich einfach nicht konzentrieren.

Frau Huber will eine Abschlussprüfung ablegen, steht aber zunehmend unter Druck, weil sie sich nicht genügend vorbereiten kann. Vormittags erledigt sie die im Haushalt anfallenden Arbeiten. Setzt sie sich am Nachmittag zum Lernen hin, wird sie von ihren Kindern ständig gestört: Entweder haben sie Fragen zu ihren Hausaufgaben oder sie spielen lautstark oder erwarten Schlichtungen bei Streitigkeiten. Frau Huber nimmt sich ihre Lernunterlagen deshalb vor, wenn die Kinder schlafen, doch fällt es ihr sehr schwer, dabei zu bleiben.

Auch Kinder haben neben der Schule schon eine Vielzahl von anderen Interessen und Ansprüchen und geraten damit oft in Entscheidungskonflikte und Zeitnot. Noch weit wichtiger ist die Frage der Zeiteinteilung für Erwachsene, die sich weiterbilden. Sie müssen prüfen, was ihnen wichtig ist, sich entscheiden, worauf sie verzichten können, und überlegen, wie sie die verschiedenen Ansprüche an ihre Zeit (beispielsweise Zeit für die Familie, für Freunde, zum Entspannen, für Musik) in Einklang bringen. Wenn wir uns diese Fragen nicht rechtzeitig stellen, geraten wir entweder zunehmend in Stress, weil wir alle Ansprüche gleichzeitig befriedigen wollen – oder wir geben auf, weil wir den ständigen Konflikten nicht gewachsen sind.

Der nachfolgende Fragebogen soll Ihnen helfen, sich Klarheit darüber zu verschaffen, was Ihnen wichtig ist, wofür Sie Ihre Zeit verwenden wollen.

Fragebogen: Ansprüche an meine Zeit

	Dafür wende ich			
	eher zu viel	ge-nügend	eher zu wenig	keine
	Zeit auf			
Beruf				
Familie				
Kursbesuch				
Lektüre Fachbücher				
Andere Lerntätigkeit				
Arbeiten im Haushalt				
Hobby				
Entspannung				
Freunde				
Sport / Bewegung				
Politik / Gesellschaft				
Fernsehen / Radio				
Schlaf				

Wie stimmt Ihre Zeiteinteilung mit Ihren Zielsetzungen überein? Wofür fehlt Ihnen die Zeit? Welche Bereiche könnten abgebaut werden, weil Sie »eher zu viel« Zeit dafür verwenden?

Wissen Sie, wie viel Zeit Sie für die oben erwähnten Bereiche aufbringen? Die meisten Menschen liegen mit ihren Schätzungen ziemlich daneben. Schätzen Sie für die fünf Bereiche, die Ihnen am wichtigsten sind, wie viele Stunden pro Woche Sie dafür verwenden:

Bereich	Anzahl Stunden pro Woche
1.	
2.	
3.	
4.	
5.	

Wenn Sie prüfen wollen, ob Ihre Schätzungen richtig sind, sollten Sie während mindestens einer Woche Buch über Ihren Tagesablauf führen. Sie notieren nach Beendigung jeder Tätigkeit, wie viel Zeit Sie damit verbracht haben.

Bis um	Dauer (Min.)	Tätigkeit	Bemerkungen
6.30	420	Schlafen	
7.00	30	Duschen, Anziehen	
7.20	20	Frühstück	
8.00	40	Fahrt zur Arbeit	Verkehrsstau
12.00	240	Arbeit im Büro	
12.30	30	Fahrt nach Hause	
12.50	20	Essen zubereiten	
13.20	30	Essen mit Kindern	
		usw.	

Ihr Tagesablauf

Datum: ____________________ Wochentag: ____________________

Bis um	Dauer (Min.)	Tätigkeit	Bemerkungen

Am Ende der Woche können Sie dann die Zeiten der einzelnen Tage für die verschiedenen Tätigkeitsbereiche zusammenzählen, in die Tabelle auf der nächsten Seite eintragen und schließlich die Durchschnittswerte errechnen.

Die Werte zeigen Ihnen, wie viel Zeit die einzelnen Bereiche beansprucht haben. Vergleichen Sie mit Ihren Schätzungen. Lagen Sie richtig?

Die meisten Menschen neigen im Rückblick dazu, die Zeiten, die sie mit den für sie wichtigen Tätigkeiten verbracht haben, zu überschätzen. Andererseits werden die Minuten und Stunden, die uns unwichtige und unangenehme Dinge, Störungen und Ablenkungen kosten, unterschätzt.

Wie viele Stunden pro Woche sind gemäß Ihren Tagesrapporten insgesamt durch Berufstätigkeit, Arbeitsweg, Haushalt und familiäre Verpflichtungen bereits festgelegt?

Über wie viele Stunden können Sie verfügen?

Prüfen Sie auch den *Ablauf*, die Reihenfolge, in der Sie normalerweise Ihre Arbeiten angehen: Können Sie bestimmte Arbeiten auch zu anderen Zeiten durchführen, rationeller gestalten, besser zusammenfassen? Die Routinearbeiten, die täglich wiederkehrenden Aufgaben und Verrichtungen beanspruchen einen beträchtlichen Anteil unserer Zeit. Es lohnt sich deshalb, sich einmal Gedanken über die beste Gestaltung dieser Tätigkeiten zu machen.

Tätigkeitsbereich	Mo	Di	Mi	Do	Fr	Sa	So	Total	Durch-schnitt
Beruf									
Arbeitsweg									
Familie									
Kursbesuch									
Lektüre Fachbücher									
Andere Lerntätigkeit									
Arbeiten im Haushalt									
Hobby									
Entspannung									
Freunde / Kontakte									
Sport / Bewegung									
Politik / Gesellschaft									
Fernsehen / Radio									
Essen									
Schlaf									
Andere notwendige Tätigkeiten									

Lernplanung

Haben Sie mit dem Lernen schon begonnen? Sie haben auf Seite 33–35 Ihre Lernziele formuliert. Wie viele Stunden wenden Sie dafür auf oder planen Sie in Zukunft dafür pro Woche aufzuwenden?

Für Kursbesuche

Für Hausaufgaben

Für Fachbücher

Für Treffen mit der Lerngruppe

Für Wege und Verschiedenes (z.B. Bibliotheksbesuche)

Lassen sich diese Zeiten für Ihre Lerntätigkeit in Ihrer Woche gut unterbringen? Falls Sie die Frage verneinen, stellen sich folgende Fragen:

Wo kann ich abbauen?

Was kann ich vorübergehend zurückstellen?

Zu welchen Zeiten bin ich ungestört und kann wichtige Aufgaben erledigen?

Zu welchen Zeiten kann ich besonders konzentriert arbeiten?

Welche weiteren Schlussfolgerungen will ich aus meinen Ergebnissen ableiten?

Natürlich können wir nicht die ganze Zeit »verplanen«. Wir sind keine Roboter, sondern Menschen mit Bedürfnissen, Freunden, Familie. Nicht nur, dass vielleicht Angehörige uns durch eine Krankheit, besondere Belastungen plötzlich mehr brauchen; auch unsere eigene Entwicklung geht sicher nicht immer geradlinig weiter, sondern wird Höhen und Tiefen durchlaufen. Wenn wir als Erwachsene ein Lernziel erreichen wollen, brauchen wir vor allem auch Geduld mit uns selbst.

Bei der Planung für die Zukunft dürfen wir die Gegenwart nicht vergessen und uns auch Zeiten zur Entspannung und Erholung, für Ferien und Freizeit gönnen.

Möglichkeiten der Planung

Sowohl im vorliegenden Kapitel als auch an verschiedenen anderen Stellen des Buches wurde bereits darauf hingewiesen, dass bei erwachsenen Lernenden eine sinnvolle Zeiteinteilung besonders wichtig ist:

- Die Lernleistungen Erwachsener sind unter Zeitdruck geringer (Seite 19).
- Dauer und Reihenfolge der Lernetappen wirken sich auf den Lernerfolg aus (Seite 47).
- Viele Lernende brauchen einen äußeren »Rahmen«, regelmäßige Lernzeiten, einen festen Lernort (Seite 70).

So wichtig wie eigene Ziele ist deshalb eine eigene Zeitplanung.

Allerdings ist es wenig sinnvoll, nur mit dem Verstand zu Werke zu gehen, einen kühl durchdachten, bis auf die letzte Minute ausgeklügelten Plan aufzustellen – wenn dies dem eigenen Stil nicht entspricht. Zeiteinteilung ist etwas sehr Persönliches. Berücksichtigen wir bei der Planung unsere Bedürfnisse und Prioritäten nicht, werden wir uns kaum lange daran halten oder viel zu viel Energie für den Widerstreit zwischen Pflicht und Neigung verbrauchen.

Neben längerfristigen Zielen setzen wir uns auch Etappenziele, die leichter zu erreichen sind und bei denen wir bewusst auch eine neue Standortbestimmung vornehmen.

z. B.

Herr Weber ist ein umgänglicher Typ, ein guter Kollege, vielseitig interessiert und engagiert. Zurzeit bereitet er sich neben seiner vollen Berufstätigkeit in einem Intensivkurs auf eine Abschlussprüfung vor, die in einem halben Jahr stattfinden soll. An zwei Abenden pro Woche sowie am Samstagvormittag ist Unterricht, für alle anderen Abende hat Herr Weber genau aufgeschrieben, wann er sich mit welchem Fach befasst. Der Sonntag ist für Wiederholungen, Zusatzarbeiten und das Aufholen von Versäumtem vorgesehen. Immer öfter aber gerät er in Konflikte, wenn er von Freunden eingeladen wird, wenn eine Feier stattfindet und er mit Hinweis auf sein Programm absagt. Auch in seinem Sportverein hat er sich für die Zeit abgemeldet. Eine Krankheit bringt seine Planung völlig durcheinander.

Welche Elemente muss meine Planung enthalten?

Wenn Sie das Buch bis hierhin durchgearbeitet haben, sind für Sie bereits festgelegt:

- Ihre Lernziele für die nächste Zeit (Seite 33–34)
- Ihre Zwischenziele und Lernetappen (Seite 35)
- Ihre sonstigen Bedürfnisse (Seite 82)
- die Ergebnisse Ihrer Tagesrapporte: Beanspruchung durch verschiedene Tätigkeiten (Seite 86).

Aus diesen Elementen kann die individuelle Zeitplanung gebaut werden.

Erstellen eines persönlichen Stundenplanes

Für manche Lernende ist es am einfachsten, wenn sie ihre Lernplanung in einem Stundenplan festhalten: Er zeigt bei einer vielfältigen Beanspruchung am besten, welche Zeiten gegeben und welche planbar sind. Die Abbildung auf Seite 91 zeigt das Beispiel eines unverheirateten Mannes, der während der Zeit seiner Weiterbildung sein Anstellungsverhältnis auf 50 Prozent reduziert hat. Seine Berufstätigkeit beansprucht 20 Stunden, die Kurse insgesamt 14 Stunden. Für Aufgaben und Vorbereitung setzt er 17 Stunden ein. Drei Abende hat er ganz oder teilweise für seine Weiterbildung reserviert, der Samstagvormittag dient ebenfalls seinen Vorbereitungen. Dank seiner sorgfältigen Planung kann er sich dennoch den Samstagnachmittag und den ganzen Sonntag frei halten, sich regelmäßig mit seiner Freundin verabreden, weiterhin Sport treiben und entspannen.

Wenn Sie selbst einen detaillierten Zeitplan aufstellen wollen, empfiehlt sich folgendes Vorgehen:

- In ein Formular, das alle sieben Wochentage und alle Stunden von 6 Uhr morgens (oder der Zeit Ihres Aufstehens) bis 10 Uhr abends umfasst, tragen Sie zuerst die Zeiten für Ihre berufliche Tätigkeit, für Kursbesuche und andere regelmäßige Verpflichtungen, für Wegzeiten und für die Mahlzeiten ein.

Beispiel eines Stundenplanes

	Montag	Dienstag	Mittwoch	Donnerstag	Freitag	Samstag	Sonntag
6–7	Aufstehen	Aufstehen	Aufstehen Morgentraining	Aufstehen Frühstück	Aufstehen	Aufstehen Morgengymnastik	
7–8	Frühstück Arbeitsweg	Frühstück Schulweg	Frühstück Arbeitsweg	Lernen Organisation Schulweg	Frühstück Arbeitsweg	Frühstück	
8–9	Büro	Schule Datenverarbeitung	Büro	Schule Datenverarbeitung	Büro	Lernen Datenverarbeitung	
9–10	–"–	–"–	–"–	–"–	–"–	–"–	Frühstück
10–11	–"–	–"–	–"–	–"–	–"–	Mathematik	Fachzeitschriften
11–12	–"–	–"–	–"–	–"–	–"–	Rhetorik	–"–
12–13	Mittagessen Zeitung	Mittagessen Zeitung	Mittagessen Zeitung	Mittagessen Zeitung	Mittagessen Zeitung	Mittagessen Zeitung	–"–
13–14	Spaziergang	Büro	Aufgaben Datenverarbeitung	Büro	Aufgaben Mathematik	Freiluftübung Spazieren gehen	Freie Gestaltung und Erholung
14–15	Einkäufe	–"–	–"–	–"–	–"–	–"–	–"–
15–16	Aufgaben Datenverarbeitung	–"–	–"–	–"–	–"–	–"–	–"–
16–17	–"–	–"–	–"–	–"–	Vorbereitung Rhetorik	–"–	–"–
17–18	Abendessen	Abendessen	Abendessen	Abendessen	Abendessen	Abendessen	–"–
18–19	Kurs Organisation	Freundin	Kurs Mathematik	Beliebige Erholung	Kurs Rhetorik	Freundin	–"–
19–20	–"–	–"–	–"–	–"–	–"–	–"–	–"–
20–21	Turnverein	–"–	Lernen Organisation	–"–	Kino oder Theater	–"–	–"–
21–22	–"–	–"–	–"–	–"–	–"–	–"–	Lesen
22–23	Fernsehen	–"–	Lesen	–"–	–"–	–"–	–"–

Persönlicher Stundenplan							
	Montag	Dienstag	Mittwoch	Donnerstag	Freitag	Samstag	Sonntag
6–7							
7–8							
8–9							
9–10							
10–11							
11–12							
12–13							
13–14							
14–15							
15–16							
16–17							
17–18							
18–19							
19–20							
20–21							
21–22							
22–23							

- Dann werden die eigenen Prioritäten gesetzt. Wollen Sie sich den Samstagnachmittag für sportliche Betätigung und den ganzen Sonntag für die Familie frei halten?
- Wenn Sie zwei, höchstens drei Abende und/oder den Samstagvormittag für Ihre Weiterbildung reservieren, gehen Sie dabei von Ihren Gewohnheiten und Bedürfnissen aus. Es müssen im Übrigen nicht unbedingt Abende sein, die für die Lernarbeit eingesetzt werden – manchem Berufstätigen mit flexibler Arbeitszeit fällt die Auseinandersetzung mit neuem Wissensstoff frühmorgens leichter.

Erstellen eines Stundenplans

- Die meisten Leute brauchen erst einmal Zeit zum Entspannen und zum Umschalten, wenn sie von der Arbeit kommen.
- Lassen Sie »Polster« und unverplante Zeit, damit Sie sich nicht von Ihren eigenen Vorgaben ständig eingezwängt und gehetzt fühlen.
- Nach einem acht- oder achteinhalbstündigen Arbeitstag lassen sich in der Regel noch etwa zwei Stunden Lernzeit Gewinn bringend einplanen – länger kann die Konzentration nur mit erhöhtem Einsatz aufrechterhalten werden.
- Zu Beginn ist es natürlich noch schwierig, die Wochenbelastung abzuschätzen. Planen Sie deshalb eine zusätzliche Lernperiode als Reserve ein; dadurch haben Sie »Luft« und vermeiden Zeitdruck. Sollten Sie Ihr geplantes Wochenpensum aber vorzeitig erledigt haben, winkt als Belohnung zusätzliche Freizeit.
- Nach der ersten »Planwoche« prüfen Sie, wie Sie zurechtgekommen sind. Vielleicht haben Sie mit einem Gebiet mehr Mühe, während Ihnen ein anderer Bereich besonders liegt, sodass Sie die Bearbeitungszeiten entsprechend verschieben. Nach einigen Wochen hat sich Ihr Plan eingespielt und erleichtert Ihnen Arbeit, Lernen und die bewusste Gestaltung der Freizeit.

Arbeiten mit einer detaillierten Agenda

Andere Lernende ziehen genaue Agenden vor: Sie tragen für das Quartal, den Monat und die Woche die jeweiligen Ziele ein und planen ihre Tage entsprechend. Wichtig ist dabei vor allem, dass sie auf diese Weise nicht nur die von außen gegebenen Termine notieren und berücksichtigen, sondern auch ihre eigenen Vorsätze.

Die Abbildung auf S. 95 zeigt eine Agenda, in der auf der linken Seite die Wochen- und auf der rechten Seite die Tagesplanung aufgeführt ist. In der *Wochenplanung* wird laufend vermerkt, was in der betreffenden Woche zu erledigen ist. Manche Eintragungen ergeben sich bereits Anfang des Jahres, wenn wir überlegen, zu welchen Zeiten wir welche Zwischenziele erreicht haben wollen. Andere werden von der Monatsplanung übertragen, wenn die längerfristigen Pläne in Zwischenetappen aufgeteilt werden.

Die Tagespläne halten fest,

- mit wem wir uns verabredet haben,
- welche Telefongespräche und
- welche Korrespondenz wir erledigen wollen, vor allem aber,
- welches unsere wichtigsten Tagesziele (Prioritäten) sind.

Auch die Tagesziele werden aus den längerfristigen Zielen abgeleitet. Auf diese Weise stellen wir sicher, dass sie die Grundlage unserer Tagesgestaltung bilden. Wir wollen an den wichtigsten Aufgaben ja nicht nur dann arbeiten, wenn zwischen den von außen bestimmten Terminen noch Zeit bleibt.

Viele Erwachsene neigen dazu, die kleinen, schnell zu erledigenden und deshalb schnelle Befriedigung verheißenden Arbeiten vorzuziehen und die größeren, anspruchsvolleren Arbeiten immer weiter vor sich her zu schieben; vor sich und anderen begründen sie dies damit, dass sie für diese ausreichend Zeit haben müssen. Diese Zeit ergibt sich aber kaum von selbst, es kommen immer wieder neue kleine Arbeiten dazwischen.

Wichtig ist auch, dass unsere Tagesziele realistisch und möglichst konkret sind. Wir notieren deshalb nicht einfach »Französisch lernen«, sondern »Übung Nr. 25 fertig stellen« oder »erstes Kapitel des Berichts im Entwurf«.

Wenn die Planung für uns nicht nur eine zusätzliche Arbeit und Belastung bedeuten soll, sind Erfolgserlebnisse wichtig. Wann immer Sie Ziele notieren, für das kommende Jahr, den nächsten Monat, den morgigen Tag oder die vor Ihnen liegende Lernetappe: Machen Sie es sich zur Gewohnheit, diese Ziele nach Ablauf der Frist zu überprüfen. Falls Sie das Ziel erreicht haben, verschafft Ihnen diese Bestätigung Genugtuung und den Schwung zum Weitermachen. Hat es nicht geklappt, gehen Sie den Ursachen auf den Grund; auf diese Weise werden Sie nicht wirklichkeitsfremd weiterplanen.

Jeden Abend halten wir somit zuerst einen Rückblick und prüfen, ob wir die geplanten Tätigkeiten ausgeführt haben. Dann setzen wir die Ziele für den nächsten Tag fest.

Immer wieder sollten wir uns auch die Zeit nehmen, um uns zu fragen, ob unsere Ziele noch stimmen, ob eine Umorientierung und andere Schwerpunkte erforderlich sind.

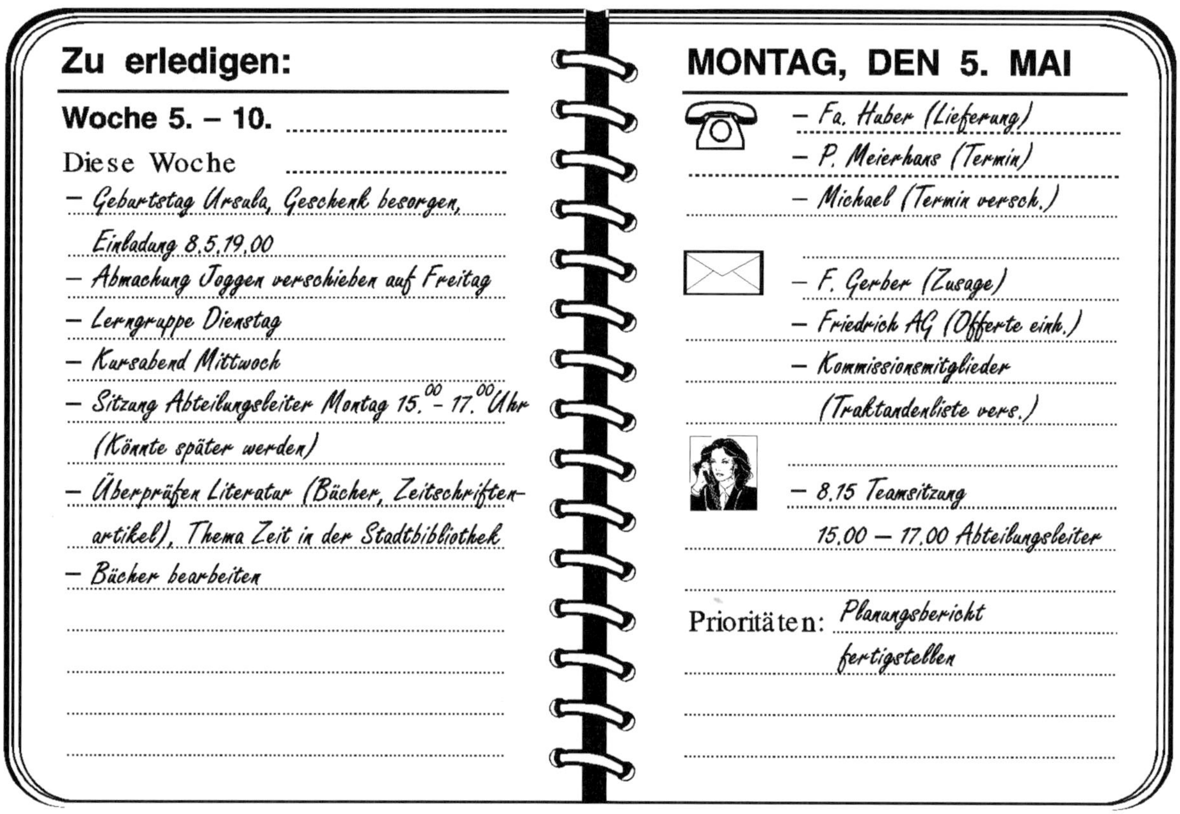

Andere Zeitplanungssysteme

In Beruf und Familie, für Verabredungen im Bekanntenkreis stehen wir ständig vor der Aufgabe, unsere Zeit einzuteilen, unsere Termine aufeinander abzustimmen, keine wichtige Arbeit und keine Abmachung zu vergessen. Neben Stundenplänen und Agenden sind auch im Handel verschiedene Planungshilfen erhältlich.

- Für manche Zwecke hilft eine Tafel oder ein schwarzes Brett, auf dem die Termine angeheftet und nach Erledigung wieder entfernt werden können.
- Die neu eintreffenden Aufgaben und eigenen Zielsetzungen lassen sich auch auf Listen eintragen und später wieder durchstreichen.
- Ein hilfreiches Planungssystem besteht in einer Stecktafel. Die Aufgaben werden auf Kärtchen notiert, diese können nach Dringlichkeit geordnet, in die Schlitze einsortiert und beliebig umgruppiert werden (Abb. Seite 97).

Vielleicht finden Sie ein eigenes System, das Ihnen eine Übersicht über die geplanten und die unerledigten Aufgaben ermöglicht und einfach zu handhaben ist. Wichtig ist weniger, wie Sie vorgehen, als dass Ihnen Ihre Planung auch Spaß macht und Ihrem eigenen Stil entspricht.

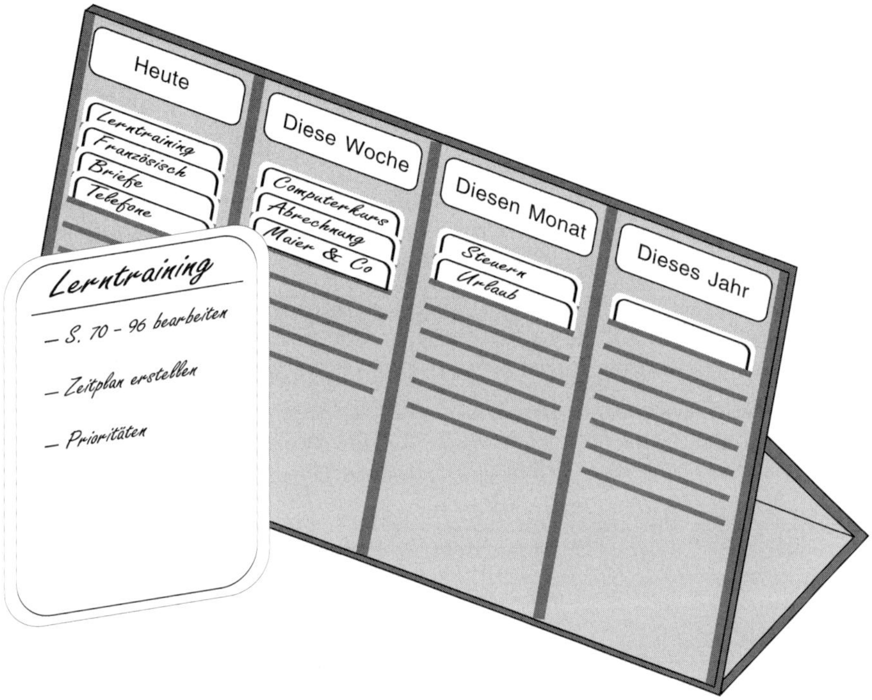

Fazit: Elemente einer sinnvollen Zeiteinteilung

Die Planung der Zeit ist etwas sehr Persönliches. Wir möchten dabei möglichst frei bleiben. Frei zu sein heißt jedoch nicht, auf Planung zu verzichten, sondern von den eigenen Bedürfnissen und der eigenen Situation auszugehen.

Einige wichtige Elemente gehören zu jeder sinnvollen Planung. Mit der nachfolgenden Checkliste können Sie prüfen, ob Ihre Methode diese Bestandteile enthält:

Checkliste

Nr.		Ja	Nein
1.	Ich habe klare Ziele und klare Prioritäten	☐	☐
2.	Ich kenne meinen Tagesrhythmus und meinen Arbeitsstil und berücksichtige diese Kenntnisse bei der Entscheidung, wann ich anspruchsvolle Arbeiten plane und wann ich Pausen einlege	☐	☐
3.	Ich setze meine längerfristigen Ziele und Vorsätze in konkrete Etappen- und Zwischenziele um	☐	☐
4.	In meinem Notizsystem oder meiner Agenda halte ich nicht nur die mit anderen vereinbarten Termine, sondern auch meine Vorsätze, Ideen, Pläne und Absichten fest	☐	☐
5.	Ich weiß, wie viele Wochenstunden die regelmäßig wiederkehrenden Arbeiten beanspruchen und wie viele Stunden planbar sind	☐	☐
6.	Ich habe – ausgehend von meinem Tagesrhythmus – überlegt, zu welchen Zeiten und in welcher Abfolge die regelmäßig wiederkehrenden Arbeiten am besten und zeitsparend erledigt werden können	☐	☐
7.	Ich bereite mich auf jeden Tag vor, indem ich ein oder mehrere Tagesziele festlege und Prioritäten setze	☐	☐
8.	Für anspruchsvolle Aufgaben stehen mir größere ungestörte Zeiträume zur Verfügung	☐	☐
9.	Den abendlichen Rückblick brauche ich zum Überprüfen, Durchdenken, Einordnen und Werten meines Tagesverlaufes	☐	☐
10.	Ich kontrolliere regelmäßig, ob die von mir festgelegten Ziele erreicht wurden	☐	☐

Anzahl Ja-Antworten:

Meine Schlussfolgerung:

- -

- -

- -

Konzentration

Herr Weber sitzt am Abend in einem Weiterbildungskurs. Es fällt ihm schwer, dem Vortrag des Dozenten zu folgen. Seine Gedanken sind immer noch bei seiner Arbeit, bei einem wichtigen Geschäft, das er nicht mehr erledigen konnte, weil er zum Kurs aufbrechen musste. Außerdem stören ihn der Straßenlärm, der durch die Fenster hereindringt, die unbequemen Stühle, die etwas näselnde Stimme des Dozenten. Herr Weber ärgert sich: Wenn ich mich ohnehin nicht konzentrieren kann, hätte ich gar nicht zu kommen brauchen.

Frau Schuster versucht, ein Fachbuch durchzuarbeiten. »Mami, wo sind meine Gymnastikschuhe?«, fragt die Tochter zum dritten Mal. Das Telefon klingelt. Als Frau Schuster nach Abschluss des Gesprächs zu ihrem Schreibtisch zurückkehren will, fällt ihr Blick auf die eingegangene Post, die sie erst mal lesen will. Beim Durchblättern einer Zeitschrift erinnert sie sich, dass sie sich noch nicht um eine Ferienwohnung gekümmert hat. Sie ruft mehrere Vermittler an und kocht sich dann einen Kaffee. Schließlich sitzt sie wieder vor ihrem Fachbuch, doch kommt gerade der Sohn von der Schule und muss ihr ausführlich den Verlauf des Fußballspiels erzählen.

Ich kann mich nicht konzentrieren!

Kein Mensch kann sich immer konzentrieren. Oft ist dies auch nicht erforderlich – es reicht eine »schwebende Aufmerksamkeit«, um die wichtigen Dinge um uns wahrzunehmen. Lernen können wir dagegen nur, wenn wir uns konzentrieren, uns nur dem Stoff bewusst zuwenden und nicht daneben noch auf vieles andere achten – sonst bleibt weder beim Lesen, noch in Kursen viel »hängen«. In der heutigen Zeit und in unserer Umgebung, in der so vieles unsere Aufmerksamkeit beansprucht, ist dies keine einfache Sache.

Haben Sie beim Lernen mit Konzentrationsproblemen zu kämpfen? Zunächst gilt es festzustellen, wann und unter welchen Bedingungen diese auftreten. Dazu ist etwas Selbstbeobachtung erforderlich. Halten Sie im Ablaufplan auf Seite 102 fest, wie intensiv Sie bei Ihrer Tätigkeit dabei waren. Als Beispiel die Eintragungen von Herrn Weber:

Ablaufplan

Datum: _

Bis um	Dauer (Min.)	Tätigkeit	Intensität				Bemerkungen
16.00	15	Kaffeepause					
16.15	45	Vorber. des Schlussberichts unterbr. von 3 Telefongespr.	■				zu viele Störungen
17.00	15	Auskunft an Mitarbeiter zu morgiger Sitzung	■	■	■		
17.30	30	Skizzieren des Aufbaus, der wichtigsten Gedanken	■	■	■	■	
18.00	30	Fahrt zum Kurslokal					
19.00	60	1. Lektion	■				in Gedanken noch bei der Arbeit
19.15	15	Pause					
20.00	45	2. Lektion	■	■	■		
20.15	15	Pause					
21.00	45	3. Lektion	■	■			müde

In die Kästchen unter »Intensität« tragen Sie ein, wie konzentriert Sie bei der Sache waren, in welchem Verhältnis Ihr Lernergebnis zur verstrichenen Zeit steht.

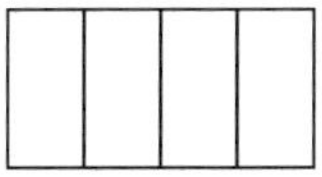 = Die Zeit ist ungenutzt verstrichen

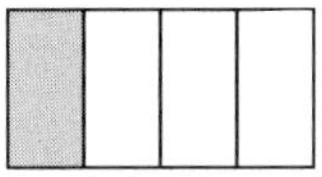 = Bei konzentrierter Arbeit hätte ich das gleiche Ergebnis in einem Viertel der Zeit erreichen können

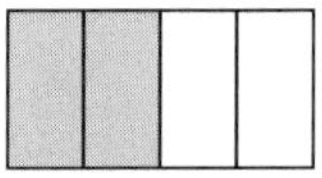 = Bei konzentrierter Arbeit wäre das Ergebnis in der halben Zeit zu erreichen gewesen

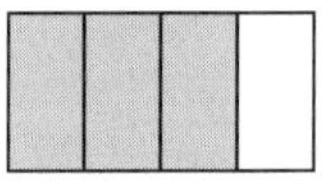 = Ich habe gut gearbeitet. Bei optimalem Einsatz hätte ich nur drei Viertel der Zeit aufwenden müssen

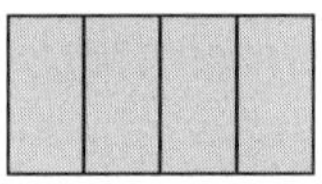 = Ich habe so intensiv gearbeitet, dass ich in der gegebenen Zeit nicht mehr hätte erreichen können

Die Spalte »Bemerkungen« nimmt alle Angaben auf, die für das Verständnis des Ablaufes erforderlich sind.

Prüfen Sie anschließend Ihren Ablaufplan auf folgende Fragen:

Wo liegen Ihre größten Konzentrationsprobleme?

Zu welchen Zeiten können Sie sich am besten konzentrieren?

Wann können Sie ungestört an anspruchsvollen Aufgaben arbeiten?

Ablaufplan

Datum: ____

Bis um	Dauer (Min.)	Tätigkeit	Intensität				Bemerkungen

Welches sind die wichtigsten Störfaktoren?

- ☐ Lärm
- ☐ Andere Menschen
- ☐ Telefone
- ☐ Schlechte Arbeitsbedingungen
- ☐ Eigene Ermüdung
- ☐ Andere Gedanken / Probleme

Wie lange können Sie sich konzentrieren?

Schalten Sie rechtzeitig Pausen ein?

Konzentrationsstörungen können viele Ursachen haben

Einige der häufigsten Ursachen sind:

Fehlende Motivation

Übung

Können Sie, ohne zurückzublättern, die folgenden Fragen beantworten:

Wie heißt der Mann im vorher erwähnten Fallbeispiel?

Worauf sind seine Konzentrationsprobleme vor allem zurückzuführen?

Auf welche Art bildet er sich weiter?

Konnten Sie die Fragen der Übung beantworten? Oder sind Sie über die vorangehenden Seiten nur oberflächlich hinweggegangen?

Aufnehmen können wir natürlich nur, was wir auch bewusst wahrnehmen. Von allen Informationen, die bei uns eingehen, nehmen wir nur einen Teil wahr. Einen noch kleineren Teil halten wir für wichtig genug, ihn zu speichern.

Einer der wichtigsten Faktoren ist sicher die Motivation: Wir alle kennen Situationen, bei denen wir »voll da« sind: Die Sportreportage, der fesselnde Roman, das spannende Spiel nehmen uns so gefangen, dass wir nichts anderes mehr beachten. Wenn uns der Kursinhalt oder das Thema des Buches nicht interessieren, sind wir dagegen wesentlich anfälliger für alle (willkommenen) Ablenkungen.

Noch schwieriger wird die Konzentration, wenn wir gefühlsmäßige Widerstände entwickeln: Eine Auseinandersetzung mit den Inhalten ist nur schwer möglich,

- wenn wir den Stil eines Buches nicht mögen,
- wenn die vielen Schachtelsätze oder Fachausdrücke uns stören,
- wenn wir uns vom Kursleiter übergangen fühlen,
- wenn wir unseren Ärger über eine Äußerung mühsam hinunterschlucken.

Ein erster Ansatzpunkt für unsere Konzentrationsprobleme ist somit die Überprüfung unserer Einstellungen: Sind wir uns über unsere Ziele im Klaren, haben wir den richtigen Kurs, die richtigen Texte gewählt? Können wir uns bewusst darauf einstellen, andere Wahrnehmungen ausblenden? Gibt es andere Wege, andere Möglichkeiten, die uns besser entsprechen? Oder können wir die uns störenden Einzelheiten ausschalten (indem wir beispielsweise über unseren Ärger sprechen, das Vorgehen des Kursleiters in Frage stellen)?

Zeitdruck

Auch unter Zeitdruck fällt die Konzentration schwer. Vielleicht haben Sie auch schon versucht, ein Kapitel eines Fachbuches noch eben zu Ende zu lesen, eine handwerkliche Arbeit noch schnell zu erledigen, bevor Sie aufbrechen mussten. Am nächsten Tag haben Sie dann festgestellt, dass von der Lektüre kaum etwas im Gedächtnis geblieben ist oder die Arbeit voller Fehler war und neu gemacht werden musste. Wenn Sie sehen, dass die verbleibende Zeit für eine sorgfältige Bearbeitung nicht ausreicht, brechen Sie besser vorzeitig ab und setzen einen neuen Termin für die Fertigstellung fest.

Falsche Zeitplanung

Gründe für Konzentrationsprobleme

In der Regel lässt sich eine hohe Konzentration nicht sofort erreichen, sondern erst nach einer »Aufwärmphase«. Führen wir während dieser Phase angenehme, leichte und schnell zu erledigende Arbeiten durch, erreichen wir zweierlei: wir laufen weniger Gefahr, uns schon vor dem eigentlichen Vertiefen wieder durch andere Dinge ablenken zu lassen, und wir motivieren uns durch das Erfolgserlebnis, bereits etwas erledigt zu haben, für die noch anstehenden größeren Aufgaben.

Für den Einstieg eignen sich vor allem Tätigkeiten, die uns zu den Hauptarbeiten, den Tageszielen hinführen. Beispiele beim Lernen: Durchlesen der Notizen vom Vortag, Zusammenstellen der wichtigsten Punkte, Anfertigen einer Grafik und Ähnliches.

Äußere Störungen

Dass die Tageszeit, der eigene Tagesrhythmus die Leistungsfähigkeit beeinflusst, wurde bereits erwähnt (Seite 75). Förderlich ist natürlich auch ein Arbeitsplatz, ein Kursraum, bei dem die äußeren Bedingungen stimmen: kein störender Lärm, richtige Beleuchtung, keine Ablenkungen. Manche Störungen lassen sich schon vorher absehen und entsprechend ausschalten. Erledigen Sie dringende Besorgungen und Telefongespräche, bevor Sie sich zu Ihrer Lernarbeit hinsetzen, oder legen Sie vorher fest, wann Sie dafür Zeit haben. Vereinbaren Sie mit Ihrer Familie, zu welchen Zeiten Sie ungestört arbeiten möchten.

Lernatmosphäre

Wie wir aus der Lernforschung wissen (vgl. Seite 39), spielt auch das Lernklima eine wichtige Rolle. Eine Lernstimmung wird sich nur einstellen, wenn wir uns wohl fühlen. Auch hier können wir unsere Vorlieben, unseren eigenen Stil berücksichtigen: Brauchen wir erst eine Tasse Tee oder Kaffee, etwas Musik, einige Entspannungsübungen?

Für die Arbeit zu Hause empfiehlt sich ein Schreibtisch in einem ruhigen Zimmer. Er bleibt möglichst für die Arbeit reserviert, alle Hilfsmittel liegen bereit: Auf diese Weise entsteht kein Vorwand zum ständigen Aufstehen und Suchen.

Finden Sie zu Hause keine Ruhe? Prüfen Sie, ob Sie im Lesesaal einer Bibliothek besser arbeiten können – manchen Lernenden fällt die Konzentration leichter in Gegenwart von anderen Menschen, die in ihre Arbeit vertieft sind.

Störungen von innen

Ein großer Teil der Störungen kommt aber nicht von außen, aus der Umwelt, sondern von innen. Ungelöste Konflikte, Spannungen, Ängste, bevorstehende Entscheidungen können unsere Aufmerksamkeit in Anspruch nehmen. Immer wieder ertappen wir uns dabei, dass unsere Gedanken statt um den Lernstoff, den Kursinhalt, um unser Problem kreisen.

Konflikte lassen sich nicht einfach wegschieben oder unterdrücken. Wichtig ist vielmehr, dass wir uns die Zeit nehmen, sie durchzudenken und uns damit auseinanderzusetzen. Wenn ein klärendes Gespräch nicht sofort möglich ist, hilft es auch, einen Termin dafür zu vereinbaren, einen Brief zu schreiben oder auch nur für sich seine Gedanken zu notieren. Auch eine Aussprache mit einer Freundin, einem Freund oder Familienmitglied erleichtert es uns oft, zu einer Entscheidung zu kommen. Prüfen Sie, ob eine Betriebspsychologin, eine Familienberatungsstelle oder eine Selbsthilfegruppe Sie unterstützen können.

Prüfen Sie die Problemanalyse auf Seite 107: Wo liegen die Ursachen Ihrer Konzentrationsprobleme?

Echte Konzentrationsstörungen liegen im Grund nur dann vor, wenn alle bisher erwähnten Faktoren und Störungen von innen und außen als Ursachen ausgeschlossen werden können.

Die Fähigkeiten, sich zu konzentrieren und sich zu entspannen, sind eng miteinander verwandt. Bei andauernden und schweren Konzentrationsstörungen kann deshalb die Einübung von Entspannungstechniken helfen. Die bekannteste ist das autogene Training von J.H. Schultz. Es besteht aus sechs Übungen, die regelmäßig wiederholt werden:

Problemanalyse

	Ja	Nein
Habe ich mir die beste Reihenfolge der Arbeiten überlegt?	☐	☐
Vermeide ich es, ständig von einer Aufgabe zur andern zu wechseln?	☐	☐
Schalte ich rechtzeitig Pausen ein?	☐	☐
Habe ich Lärmbelästigungen ausgeschaltet?	☐	☐
Bin ich ausgeschlafen?	☐	☐
Berücksichtige ich meinen Tagesrhythmus?	☐	☐
Trage ich meinen körperlichen Bedürfnissen Rechnung?	☐	☐
Respektieren meine Familienangehörigen meine Arbeitszeiten?	☐	☐
Bin ich für die Arbeit motiviert?	☐	☐
Nehme ich mir Zeit, bewusst von einer Tätigkeit zur andern umzustellen?	☐	☐
Wende ich mich immer nur einer Aufgabe zu?	☐	☐
Habe ich einen festen Arbeitsplatz?	☐	☐
Liegen die benötigten Unterlagen und Schreibwerkzeuge bereit?	☐	☐
Steht mir genügend Zeit zur Erledigung der Arbeiten zur Verfügung?	☐	☐
Bin ich von Konflikten unbelastet?	☐	☐

Schwereerlebnis, Wärmeerlebnis, Herzerlebnis, Atemerlebnis, Beeinflussung der Bauchorgane und Stirnkühlung. Ziel des Trainings ist die Beeinflussung des vegetativen Nervensystems und damit das bewusste Umschalten auf Ruhe und Entspannung. Es wird bei Stress, Konzentrations- und bei Schlafstörungen empfohlen. Kurse in autogenem Training werden in vielen Städten und Gemeinden von Volkshochschulen und anderen Institutionen der Erwachsenenbildung durchgeführt.

Schlussfolgerungen

Wir können weder aus dem Familien- noch aus Arbeitsstress heraus lernen. Es genügt nicht, anwesend zu sein: Die richtigen Bedingungen für unsere Aufnahmefähigkeit müssen gegeben sein.

Manche Kursleitende stellen deshalb an den Beginn jeweils einige Entspannungs- oder Atemübungen oder Musik, um den Teilnehmenden die Möglichkeit zu geben, vom Alltagsstress abzuschalten und sich dann neu auf den Kurs einzustellen. Aber auch ohne Kursleitung können wir uns um einige Minuten der Ruhe bemühen. Die dafür verwendete Zeit ist sicher nicht verschwendet, weil wir anschließend besser lernen können.

Die bewusste Umstellung erfordert auch eine gezielte Vorbereitung: Wir stellen Fragen, wir rufen uns in Erinnerung, was wir bisher gehört haben, wir verschaffen uns einen Überblick.

Persönliche Schlussfolgerungen

4. Aufnahme – Verschiedene Lernarten: Die Expedition wird durchgeführt

In diesem größten Kapitel werden verschiedene Formen des Lernens, der eigentlichen Wissensaufnahme, näher erläutert, gezeigt, für welche Inhalte und Zielsetzungen sie sich eignen, welche Schwierigkeiten sich ergeben können und welche Vorgehensweisen zu empfehlen sind.

Natürlich werden die vorbereitenden Lernschritte (Kapitel 1–3) und die Nachbereitung (Kapitel 5–7) unterschiedlich gestaltet, je nachdem, welche der verschiedenen Lernformen gewählt wird. Fragen Sie sich jeweils, wie die Durchführung bei Ihnen erfolgen soll.

Mit einigen dieser Lernformen, wie beispielsweise Kursbesuche oder Lesen werden alle Lernenden immer wieder konfrontiert. Andere wie computerunterstütztes Lernen oder Fernkurse, sind für Sie vielleicht gerade nicht aktuell. Blättern Sie zurück zu Ihrem Lernstilfragebogen (Seite 61): Welches Vorgehen entspricht Ihnen, mit welchen Methoden haben Sie noch wenig Erfahrungen, welche möchten Sie näher kennen lernen?

Selbstständige Informationsbeschaffung in Bibliotheken

Ist die selbstständige Suche nach Informationen für Sie geeignet?

- Lernen Sie gerne aus Texten?
- Lernen Sie gerne allein?
- Sind Sie an ganz bestimmten selbst formulierten Fragen interessiert?
- Müssen Sie laufend einen Überblick über die neuesten Erkenntnisse und Ergebnisse haben?
- Wollen Sie kritisch an die Informationen herangehen, sich selbst ein Bild verschaffen?

Welche Schwierigkeiten können auftreten?

- Viele Erwachsene finden sich in Bibliotheken nicht zurecht, können die zur Verfügung stehenden Hilfsmittel wie Kataloge der verschiedensten Art, Lesegeräte, Computer, Bibliographien, Referatezeitschriften, Literaturdatenbanken nicht benützen.
- Sie finden sich in der Fülle der vorhandenen Literatur nicht zurecht und verlieren viel Zeit mit unwichtigen Texten.

Testfragen

Wie reagieren Sie, wenn Sie beispielsweise im Laufe einer Diskussion oder einer Fernsehsendung merken, dass Ihr Wissen auf einem Sie interessierenden Gebiet erhebliche Lücken aufweist?

Wie würden Sie vorgehen, wenn Sie bei Ihrer beruflichen Tätigkeit immer wieder feststellten, dass Ihnen bestimmte wichtige Kenntnisse fehlen?

Was würden Sie tun, wenn Sie nach einem Kursbesuch feststellten, dass Sie über bestimmte Themen noch umfassender informiert werden möchten?

Sie haben in allen Fällen verschiedene Möglichkeiten zu reagieren: Sie können versuchen, Ihr »Nichtwissen« zu überspielen, Sie können in einem Lexikon kurz nachschlagen oder prüfen, welche Bücher Sie zum Thema besitzen. Falls es sich um größere Wissenslücken und um wichtigen Stoff handelt, empfiehlt es sich abzuklären, ob die Weiterbildung durch systematische Bearbeitung von Fachbüchern oder durch einen (weiteren) Kursbesuch erfolgen soll.

Wenn Herr Müller ein Informationsproblem hat, kauft er sich in der nächsten Buchhandlung ein Fachbuch. In jenen Fällen, in denen es sich um Standard- oder Nachschlagewerke handelt, die er immer wieder zur Hand nimmt, hat sich dies auch bewährt. Eine beträchtliche Zahl der auf diese Weise erworbenen Bücher hat er aber vielleicht einmal kurz durchgeblättert, dann ins Regal gestellt und nie wieder angerührt. Die Gründe dafür sind unterschiedlich: Einige Bücher erwiesen sich als ungeeignet für seine Bedürfnisse, bei anderen hat er gemerkt, dass die Entwicklung auf diesem Gebiet weitergegangen ist. Oft war auch sein Interesse für das Thema nach der einmaligen Lektüre erloschen.

Frau Meier profitiert mit großer Selbstverständlichkeit von den Dienstleistungen der Bibliotheken – immerhin, denkt sie sich, werden die meisten und die größten mit Steuergeldern eingerichtet und unterhalten. Je nach Gebiet benützt sie eine kleinere Fachbibliothek oder die große Stadtbibliothek, setzt sich in den Zeitschriften-Lesesaal, sucht sich in den Katalogen die entsprechenden Angaben zusammen und leiht sich die sie interessierenden Bücher aus. Nur wenn sie dann sieht, dass es sich um ein Buch handelt, auf das sie immer wieder zurückgreifen möchte, bestellt sie es in der nächsten Buchhandlung.

Erinnern Sie sich an das Buch oder den Film »Der Name der Rose«? Im Zentrum des mittelalterlichen Geschehens steht eine Klosterbibliothek. Viele Mönche versuchen vergeblich, an bestimmte Bücher heranzukommen, und müssen ihre Neugier zum Teil mit dem Leben bezahlen.

- Können Sie diese Faszination, die von Büchern ausgeht, verstehen?
- Macht es Ihnen Spaß, in Buchhandlungen und Bibliotheken zu schmökern?
- Können Sie oft der Versuchung nicht widerstehen, ein Buch zu kaufen oder auszuleihen?
- Wünschen Sie sich immer wieder Mußestunden, um viele Bücher zu lesen?
- Oder machen Sie einen großen Bogen um Bibliotheken, weil sie für Sie etwas Unheimliches oder Undurchschaubares haben?

Zahlreiche Zeitgenossen setzen nie einen Fuß in eine Bibliothek. Dazu gehören nicht nur jene Leute, die überhaupt keine Bücher lesen, sondern auch viele andere. Sie verlassen sich bei ihrem Informationsbedürfnis auf die eigenen Bücherbestände oder greifen höchstens noch auf jene der Firma oder von Bekannten zurück.

Studierende werden in der Regel durch die Erfordernisse des Studiums zur Benutzung von Bibliotheken »gezwungen«. Bei anderen Ausbildungsgängen wird einem der Umgang mit Fachbüchern weniger nahe gelegt. Alle Erwachsenen, die sich systematisch informieren, über die neuesten Entwicklungen auf ihrem Fachgebiet auf dem Laufenden halten oder in andere Bereiche einarbeiten wollen, profitieren jedoch vom Angebot der Bibliotheken – gleichgültig, ob sie Kurse besuchen oder zu Hause lernen.

Wie finde ich die richtigen Quellen?

Weltweit erscheinen jedes Jahr allein in englischer, deutscher und französischer Sprache *mehrere hunderttausend* neue Bücher. Es gibt an die 100.000 wissenschaftliche Zeitschriften, die jährlich zusammen ungefähr *drei Millionen Aufsätze* publizieren: Die Gesamtmenge an schriftlichen Unterlagen ist unvorstellbar groß und nimmt laufend zu.

Sicher sind sehr viele dieser Bücher und Artikel für uns nicht interessant – aber wie finden wir die anderen? Angesichts der genannten Zahlen liegt der Vergleich mit der Nadel im Heuhaufen nahe! Die meisten Bücher sind vielleicht im Erscheinungsjahr an einer Buchmesse vertreten, liegen jedoch nicht in einer Buchhandlung auf. Wichtig ist deshalb, dass wir unsere Suche nach geeigneten Texten nicht auf das Stöbern in Buchhandlungen beschränken, sondern auch die Dienste von Bibliotheken, Literaturdatenbanken, Bibliographien, Referatezeitschriften etc. zu benutzen wissen.

Ein erster Schritt besteht darin, sich Klarheit darüber zu verschaffen, welche Bibliotheken erreichbar und zugänglich sind. Das Angebot reicht von den kleinen Gemeinde- und Stadtteilsbibliotheken bis zu den großen Universitäts- und Landesbibliotheken.

Es lassen sich unterscheiden:

- Allgemeine öffentliche Bibliotheken: Stadt-, Landes-, Kantons- und Gemeindebibliotheken.
- Bibliotheken der Bildungseinrichtungen: Schul-, Fachschul- und Hochschulbibliotheken, Bibliotheken von Seminaren und Fachbereichen.

- Spezial- und Fachbibliotheken pflegen Spezialbereiche oder einzelne Wissenschaften.

Die Stadt-, Zentral- oder Universitätsbibliotheken verfügen über die größten Bestände (von einigen Hunderttausend bis zu mehreren Millionen Büchern und Zeitschriften). Die thematisch eingeschränkten Spezialbibliotheken weisen zwar geringere Gesamtzahlen auf, sind auf ihren Schwerpunktgebieten aber besser ausgestattet. Es lohnt sich deshalb, einen Überblick über mehrere Bibliotheken der näheren und weiteren Umgebung zu gewinnen.

Jede Bibliothek ist anders aufgebaut, hat andere Schwerpunkte und möglicherweise auch unterschiedliche Ausleihbedingungen, einen anderen Zugang (Selbstwahl, Bestellung über Leihschein), andere Kataloge und Dienstleistungen. Die großen Stadt- und Universitätsbibliotheken führen regelmäßig Führungen durch, die neue Benutzer mit den Räumlichkeiten, den Suchwegen und Dienstleistungen vertraut machen. In vielen Fällen werden auch Merkblätter mit den wichtigsten Informationen abgegeben. Bei kleineren Bibliotheken wenden wir uns am besten an das Personal.

Persönliche Schlussfolgerungen

Welche Bibliotheken sind mir bekannt?

Welche weisen Bestände auf, die für mich von Interesse sind?

Über welche will ich mehr in Erfahrung bringen?

Kataloge und Suchwege

Nur kleine Bibliotheken ordnen ihre Bücher lediglich grob nach einigen Fachgebieten und lassen die Benutzer durch direkten Zugang zu den Standorten prüfen, welche Bücher zum interessierenden Gebiet vorhanden sind. Bei allen größeren Bibliotheken ist eine gezielte Suche nur über Kataloge möglich. In der Regel liegen mindestens zwei, oft aber wesentlich mehr verschiedene Kataloge auf:

- Der alphabetische Hauptkatalog führt alle Bücher nach dem Alphabet der Verfassernamen auf. Er hilft uns, wenn wir bereits wissen, welche Bücher wir suchen. Wir schlagen unter dem Namen des Autors nach und notieren die Registriernummer des Buches.
- Sachkataloge ordnen die Bücher thematisch. Sie geben Auskunft, welche Bücher zu einem bestimmten Thema vorhanden sind, wobei ein Buch meist unter mehreren Schlagwörtern gespeichert ist.

Beide Kataloge können in verschiedenen Formen vorkommen:

- Als *Karteikärtchen* in Schubladen: Dies ist die traditionelle Form. Jedes in der Bibliothek vorhandene Buch hat ein eigenes Kärtchen, aus dem auch die Bestellnummer bzw. der Standort ersichtlich ist.
- Als *Mikrofiches*: Aus Gründen der Platzersparnis haben manche Bibliotheken die Informationen der Karteikärtchen mikroskopisch verkleinert. Gesucht wird mit einem Lesegerät.
- Im *Computer* gespeichert: Große Bibliotheken wickeln heute nicht nur die Ausleihe, sondern auch die Suche über Computer ab; nur ältere Bestände sind teilweise noch über Kärtchen zu erschließen. Statt den gewünschten Verfassernamen oder die Schlagwörter im Katalog nachzuschlagen, wird hier der Suchwunsch eingetippt, die Antworten erscheinen auf dem Bildschirm. Dies hat den großen Vorteil, dass mehrere Suchbegriffe gleichzeitig eingegeben und je nach Ergebnis zusätzliche Einschränkungen vorgenommen werden können.

Bibliographien

Ähnlich wie die Kataloge dienen auch die Bibliographien der gezielten Literatursuche. Es handelt sich um systematische, meist gedruckte Bücherverzeichnisse. Während die Kataloge nur Auskunft geben über die in der jeweiligen Bibliothek verfügbaren Werke, führen die Bibliographien alle zu bestimmten Fragen oder Themen vorhandene (bzw. dem jeweiligen Verfasser bekannte) Literatur auf.

Informationsquellen

In der Regel sind sie wie die Kataloge einerseits alphabetisch nach Verfassernamen, andererseits sachlich nach Schlagworten geordnet, oft ergänzt durch knappe Zusammenfassungen der aufgeführten Bücher. Wir benutzen sie, wenn wir einen möglichst vollständigen Überblick über die zu einem bestimmten Thema existierende Literatur benötigen. Wir notieren die Angaben zu den Büchern, die für uns von Interesse sind, und prüfen dann, in welcher Bibliothek wir diese einsehen und ausleihen können.

Referatezeitschriften

Referate (Abstracts) sind Zusammenfassungen von Zeitschriftenartikeln. Angesichts der riesigen Menge von Fachzeitschriften ist es unmöglich, auch nur jene des eigenen Spezialgebietes laufend auf wichtige Artikel hin durchzusehen. Die Abstracts sollen den Suchenden die Entscheidung ermöglichen, ob sie den Artikel lesen wollen. Sie enthalten deshalb alle wichtigen Angaben über die Originalarbeit. Jedes wichtige Fachgebiet hat eigene Referatezeitschriften, weltweit gibt es etwa 3.500. Finden wir viele wichtige Hinweise auf eine bestimmte Zeitschrift, suchen wir diese im Zeitschriftenlesesaal oder Zeitschriftenkatalog, über die größere Bibliotheken verfügen.

Datenbanken – Datenbankabfragen

In der heutigen Informationsflut kann kein Mensch auch nur einen groben Überblick über die Fachliteratur behalten. Es ist deshalb nahe liegend, auf die hohen Speicherkapazitäten und die Schnelligkeit der modernen Computer zurückzugreifen. EDV-Datenbanken können die gleichen Aufgaben wie gedruckte Bibliographien (s. oben) erfüllen, weisen aber diesen gegenüber entscheidende Vorteile auf:

Das Suchen in gedruckten Bibliographien ist besonders mühsam, wenn wir einen vollständigen Überblick brauchen (alle einschlägigen Arbeiten der letzten drei Jahre) oder wenn mehrere Begriffe kombiniert werden sollen (Beispiel: Anwendung von Dopingmitteln im Hochleistungssport). Für solche Aufgaben sind Computer hervorragend geeignet: In kurzer Zeit stehen die Angaben aus Literatur-Datenbanken zur Verfügung. Ist die Ausbeute zu gering, kann die Zahl durch einfache Erweiterung, beispielsweise des Zeit- oder des Sprachraumes, erhöht werden. Ergeben sich zu viele Hinweise, können einschränkende Kriterien eingeführt werden. Die Datenbanken sind entweder über Dokumentationsstellen oder Internet erreichbar oder auf CD-ROM gespeichert. Sie geben nicht nur einen Zugriff auf lokale Bestände sondern Gesamtübersichten und sind zudem schneller und aktueller als gedruckte Bibliographien.

Wir suchen die neuesten Forschungsergebnisse zur Frage des Analphabetismus bei Erwachsenen. Der Computer informiert uns, dass er 837 Angaben dazu gespeichert hat. Wir schränken deshalb ein auf Untersuchungen, die sich mit erwachsenen Analphabeten in Deutschland, Österreich und der Schweiz befassen, die in den letzten drei Jahren durchgeführt wurden und in deutscher Sprache gedruckt wurden. Dadurch vermindert sich die Zahl auf 31. Wir prüfen die Kurzzusammenfassungen dieser Arbeiten am Bildschirm und suchen daraufhin die zwölf für uns wichtigsten Texte.

Der Zugang zu den zahlreichen weltweit bestehenden Datenbanken erfolgt entweder über einen Auftrag an einen Informationsvermittler oder direkt über Internet (vergl. S. 145). Auch viele große Bibliotheken ermöglichen Datenbankabfragen.

Suchstrategien

Übung

Nehmen Sie an, dass Sie bei Ihrer Informationssuche zum Thema »Wie lerne ich am besten aus Büchern?« systematisch vorgehen und möglichst viele Quellen berücksichtigen wollen. Wo suchen Sie nach Material?

- -

- -

- -

- -

- -

Vergleichen Sie Ihre Antwort mit den nachstehenden Angaben:

- ❖ Im *alphabetischen Katalog* einer Bibliothek suchen wir jene Veröffentlichungen, die uns durch Literaturhinweise aus Büchern, Bibliographien, von Kolleginnen oder Kollegen oder aus Kursen namentlich bekannt sind.
- ❖ Im *Sachkatalog* suchen wir weitere Hinweise zum Thema. Wichtig ist, dass wir verschiedene Schlagwörter prüfen und uns schon vorher Synonyme, übergeordnete Begriffe und Spezialgebiete des Themas überlegen.
- ❖ In *Bibliographien* und *Referatezeitschriften* des Fachgebietes prüfen wir ebenfalls unter verschiedenen Schlagwörtern, ob interessante Artikel und Bücher zum Thema im betreffenden Zeitraum erschienen sind.
- ❖ Wir überlegen uns, ob eine *Datenbankabfrage* oder eine Suche im Internet sinnvoll ist.
- ❖ Wir sehen die neuesten Hefte der *Fachzeitschriften* auf wichtige Ergänzungen und neuere Entwicklungen durch. In älteren Jahrgängen von Fachzeitschriften zu stöbern, lohnt sich meist nicht, da man davon ausgehen kann, dass wichtige Erkenntnisse nach etwa fünf Jahren in Lehrbüchern und anderen Darstellungen erfasst sind.
- ❖ Die neueste Literatur ist zu finden:
- ❖ Im *CIP* (Cataloguing in Publication, demnächst auf dem Markt erscheinende Bücher),
- ❖ *Neuerscheinungslisten* der Bibliotheken und Buchhandlungen, Buchbesprechungen in den neuesten Nummern der Fachzeitschriften.

Ausleihe

Haben wir mittels unserer Suchstrategien die gewünschten Titel gefunden, können wir sie entweder selbst den Gestellen entnehmen oder wir müssen einen Bestellschein ausfüllen. Anleitungen oder Muster liegen sicher in der Bibliothek auf. In manchen Bibliotheken erfolgt die Bestellung und Registrierung durch einen Computer.

Finden wir ein bestimmtes Buch nicht in der Bibliothek, fragen wir nach dem Standort des Zentralkataloges. Dieser Katalog gibt Auskunft über die Bestände aller Bibliotheken der gleichen Stadt. Ist das gesuchte Buch auch da nicht erwähnt, besteht die Möglichkeit, es sich über den interbibliothekarischen Leihverkehr (Fernleihe) zu beschaffen.

Mit Hilfe der nationalen und internationalen *Fernleihe* können wir Bücher bestellen, die in den Bibliotheken der Stadt nicht vorhanden sind. Die Laufzeit einer Fernleihbestellung kann drei bis sechs Wochen bis zum positiven oder negativen Bescheid betragen. Der Benutzer muss natürlich prüfen, ob eine Fernleihbestellung unter diesen Voraussetzungen möglich und zeitlich sinnvoll ist.

Kritische Auswahl

Alle diese Hinweise sagen uns nur, wie wir möglichst viele Bücher und Artikel zu unserem Thema finden – noch nicht aber, welche davon die richtigen sind. Wichtig ist natürlich, dass wir in der Flut unser Ziel nicht aus den Augen verlieren. Bei vielen Büchern erkennen wir bereits aufgrund der wenigen Angaben der Katalogkarten, dass sie für unsere Zwecke nicht geeignet sind. Bei jenen Büchern, die wir zur Ansicht ausgewählt haben, prüfen wir folgende Punkte:

- Das *Inhaltsverzeichnis* zeigt uns, wie das Thema aufgebaut und dargestellt ist, welcher Raum den einzelnen Bereichen zugemessen wurde.
- Das *Literaturverzeichnis* beantwortet die Frage nach den benutzten Quellen, ein Register gibt einen Überblick über die behandelten Gebiete und Schlagwörter.
- Auf der *Buchrückseite* oder der *Umschlagklappe* finden wir in der Regel eine erste Zusammenfassung des Buches und einige Angaben zum Werdegang, zur beruflichen Tätigkeit und den bisherigen Veröffentlichungen der Autorin oder des Autors. Daraus lassen sich Rückschlüsse auf die fachliche Kompetenz und die Sichtweise ziehen.
- Als Nächstes prüfen wir das *Erscheinungsdatum* und die *Auflage*. Die Auflage zeigt bei älteren Büchern, wie gut sie auf dem Markt angekommen sind; bei Neuauflagen stellt sich die Frage, ob sie in den letzten Jahren überarbeitet und auf den neuesten Stand gebracht (Literaturverzeichnis prüfen) oder unverändert nachgedruckt worden sind.

- Wichtige Hinweise ergeben sich oft aus dem *Vorwort* oder der *Einleitung*: die Vorgeschichte des Buches wird erläutert, die spezielle Betrachtungsweise, wie die Fragestellung zustande kam, wie sich das Buch von ähnlichen Werken unterscheidet, aus welchen Gründen Einschränkungen vorgenommen wurden, wem wichtige Gedanken und Hilfe zu verdanken sind.
- Auch das Schlusswort, der Ausblick liefern Informationen, die vor der Lektüre zur Abgrenzung des Themas von Interesse sein können: welche Fragen blieben ungeklärt oder mussten ausgeklammert werden und welche weiteren Arbeiten sind geplant oder erforderlich?
- Bei Artikeln wie bei Büchern empfiehlt es sich zudem, die Titel, Untertitel und Zusammenfassungen vorab zu prüfen und einzelne Abschnitte zu lesen, um festzustellen, ob Aufbau, Stil, Formulierungen und Darstellungsweise den eigenen Leseabsichten entsprechen.

Übung

Prüfen Sie die angegebenen Stellen und Textteile (Inhalts- und Literaturverzeichnis, Buchrückseite, Vorwort, Auflage usw.) im vorliegenden oder dem Fachbuch, das Sie gerade bearbeiten.

Lesen

Frau Schuster war schon als Kind eine »Leseratte«. Diese Neigung hat sie auch als Erwachsene beibehalten. Viele Stunden ihrer Freizeit verbringt sie mit Lesen von Romanen oder Sachbüchern zu den verschiedensten Themen. Auch ihre Weiterbildung betreibt sie vorwiegend über Bücher. Sie sucht sich die sie interessierenden Texte gezielt über Bibliotheken und Bibliographien, prüft, vergleicht und legt sich von den wichtigen Inhalten Karteikarten an.

Frau Meier besucht einen Weiterbildungskurs über Steuern. Sie möchte das Gehörte vertiefen und ergänzen und beschafft sich deshalb einige Bücher, die der Dozent empfohlen hat. Nach jedem Kurstag bearbeitet sie die entsprechenden Kapitel, macht sich Notizen, überlegt, was sie verstanden hat und hält ihre Fragen für die nächste Lektion fest.

Ist eine Weiterbildung durch Lesen für Sie geeignet?

Wollen Sie
- sich selbstständig und unabhängig mit dem Wissensstoff auseinandersetzen?
- Informationen aus verschiedenen Quellen zusammentragen?
- sich auf einen Kursbesuch vorbereiten?
- Kursbesuche und andere Lernformen ergänzen und vertiefen?
- Ihre Unterlagen überarbeiten?
- sich auf eine Prüfung vorbereiten?

Aus dieser Aufzählung ergibt sich, dass diese Lernform eigentlich für alle unumgänglich ist – unterschiedlich entsprechend dem eigenen Lerntyp ist nur das Ausmaß.

Welche Schwierigkeiten können auftreten?

Wenn von einer Verbesserung der Lesetechnik die Rede ist, denken die meisten Erwachsenen vor allem an eine Steigerung ihres Lesetempos. Zweifellos lässt sich durch die Möglichkeit, einen Text sehr schnell zu überfliegen, wie auch durch das Ausmerzen grober Lesefehler Zeit gewinnen. Die Hauptschwierigkeiten beim Lesen liegen aber nicht in der Geschwindigkeit, sondern bei folgenden Fragen:

- Wie finde ich die richtigen Bücher, die geeigneten Texte?
- Wie wähle ich aus der Fülle der Informationen die wichtigsten aus, wie vermeide ich, dass ich mich in Unwesentlichem verliere und erst nach der zeitraubenden Lektüre feststelle, dass das Buch, der Artikel oder das Kapitel nichts Neues gebracht haben?
- Wie verstehe ich schwierige Texte?
- Wie kann ich beim Lesen von meinen eigenen Zielen, meinen eigenen Schwerpunkten ausgehen?
- Wie lerne ich am besten aus Büchern, wie vermeide ich, dass ich zwar mit den Augen Seite um Seite lese, aber so gut wie nichts davon aufnehme und behalte? – Wie gehe ich vor, um das Gelesene nicht gleich wieder zu vergessen?
- Wie setze ich mich kritisch mit Texten auseinander, wie lerne ich, Texte im Zusammenhang zu sehen und in Beziehung zu den Absichten und Einstellungen der Verfasserin oder des Verfassers zu setzen?

Um diesen Hauptschwierigkeiten zu begegnen, ist es vor allem wichtig, dass die Lektüre gezielt vorbereitet und intensiv nachbereitet wird.

- Das gezielte Lernen aus Büchern wird selten geübt

In den letzten Jahren hat die Diskussion um die Lesefähigkeit zugenommen. Die Öffentlichkeit ist darauf aufmerksam geworden, dass es auch in den Industrienationen Erwachsene gibt, die nicht ausreichend lesen und schreiben können, obwohl sie die Schulen besucht haben. Sicher bilden diese Probleme nur die Spitze eines Eisberges: Die Lesefähigkeit vieler Erwachsener ist gering und nimmt weiter ab, weil die Betroffenen jedwelche Lektüre nach Möglichkeit vermeiden.

Autorinnen und Autoren gehen dennoch ebenso wie Kursleitende in der Regel davon aus, dass die Lernenden in der Lage sind, mit einem Text umzugehen, die wichtigsten Inhalte zu entnehmen, die Informationen zu verarbeiten. Auch an Berufsschulen und Weiterbildungsveranstaltungen wird dies so selbstverständlich angenommen, dass kaum je gezielt geübt oder geprüft wird, wie die Teilnehmenden lesen und ob sie die Texte auch wirklich verstehen.

Viele Erwachsene, denen dies nicht gelingt, kommen zur Schlussfolgerung, dass ihnen das Lernen aus Texten nicht liegt, weil sie mit der Fachsprache nicht zurechtkommen oder das Gelesene gleich wieder vergessen. Auch das Lernen mit Büchern kann und muss aber geübt werden.

Wer sich diese Fertigkeit erarbeitet hat, profitiert von vielen Vorteilen – zu den bereits genannten (Seite 69) bieten Bücher noch folgende weitere Vorzüge:

- Ein Buch ist meist preiswerter als ein Kurs; holen wir das Buch in der Bibliothek, ist es (fast) gratis.
- Ein Kurs kann entweder ein zu hohes oder zu tiefes Niveau haben. Beim riesigen Angebot können wir dagegen gezielt das richtige Buch für unseren Wissensstand suchen.
- Wir können Lernzeit und -ort unseren eigenen Bedürfnissen entsprechend wählen.

Es lohnt sich somit sicher, seine Lesemethoden zu verbessern.

Prüfen Sie, wo Ihre Probleme beim Lesen liegen

Der Fragebogen auf der gegenüberliegenden Seite hilft Ihnen dabei.

Zählen Sie die Zahl Ja-Antworten zwischen 1 und 11 und die Zahl der Nein-Antworten zwischen 12 und 21 zusammen und errechnen Sie die Gesamtpunktzahl:

15–21 Punkte	Ihre Lesetechnik ist effizient. Sie benötigen keine weiteren Ratschläge
9–14 Punkte	Prüfen Sie, wo Ihre Schwächen liegen und versuchen Sie, sie gezielt anzugehen, um Ihre Lesetechnik zu verbessern
0–8 Punkte	Mit systematischem Training könnten Sie Ihre Lesetechnik verbessern und mehr Freude am Lesen gewinnen

Checkliste zum Lesen

	Ja	Nein
1. Ich versuche häufig, fehlendes Wissen durch Fachbücher zu erwerben	☐	☐
2. Wenn ich mit einem Buch lerne, halte ich immer wieder bewusst inne, um die Inhalte zu überdenken	☐	☐
3. Vor der Lektüre eines Fachbuches oder eines Artikels versuche ich, mir einen Überblick über den Inhalt zu verschaffen	☐	☐
4. Ich achte besonders auf die Titel, Untertitel und die Gliederung	☐	☐
5. Ich wähle meine Lektüre bewusst und gezielt	☐	☐
6. Ich benutze regelmäßig Fachbibliotheken und finde mich darin ganz gut zurecht	☐	☐
7. Vor der Lektüre eines Lehrbuches formuliere ich für mich Fragen, die ich beantwortet haben möchte	☐	☐
8. Ich kontrolliere für mich, was ich von der Lektüre verstanden habe	☐	☐
9. Ich habe eine für mich geeignete Form von Notizen gefunden	☐	☐
10. Ich markiere wichtige Stellen im Buch, bringe Anmerkungen an	☐	☐
11. Ich setze das Gelesene bewusst in Beziehung zu meinem bisherigen Wissen	☐	☐
Summe	☐	
12. Ich lese selten	☐	☐
13. In meinem Bücherschrank stehen viele Bücher, vor denen ich kapituliert habe	☐	☐
14. Ich überschlage beim Lesen die meisten Tabellen und Grafiken	☐	☐
15. Ich lese möglichst viel hintereinander	☐	☐
16. Wenn ich mir einen Text einprägen will, lese ich möglichst langsam und schreibe möglichst viel auf	☐	☐
17. Es geschieht häufig, dass ich eine ganze Seite lese, ohne etwas davon aufzunehmen	☐	☐
18. Wenn ich mir beim Lesen Notizen mache, sind diese später meist nicht zu gebrauchen	☐	☐
19. Das Inhaltsverzeichnis eines Buches benutze ich selten	☐	☐
20. Lesen macht mir keinen Spaß	☐	☐
21. Fachbücher flößen mir Respekt ein	☐	☐
Summe		☐
Gesamtsumme	☐	

(Auswertung s.S. 122)

Lesen in mehreren Durchgängen

In der Regel ist es beim Beschaffen der Bücher und Texte nicht möglich, bereits klar zu bestimmen, welche Kapitel und Abschnitte für uns von Interesse sind. Angesichts der großen Zahl von schriftlichen Unterlagen ist es jedoch besonders wichtig, die eigenen Fragen nicht aus dem Gedächtnis zu verlieren, von den eigenen Zielsetzungen auszugehen. Nur spannende Romane verschlingen wir ohne Vorbereitung von der ersten bis zur letzten Seite. Bei Fachbüchern und Fachartikeln müssen wir zuerst klären, ob und welche Passagen wir intensiv lesen. In der Regel empfiehlt es sich, in mehreren Durchgängen zu arbeiten:

Lesen Sie auch dieses Buch auf diese Weise. Gehen Sie von Ihren Fragen aus und legen Sie selbst die Reihenfolge und die Intensität der Bearbeitung fest!

- Im *ersten Durchgang* prüfen wir das Inhaltsverzeichnis, überfliegen den Artikel oder das Kapitel, prüfen Stil und Ansatz und entscheiden, ob sich eine intensivere Lektüre lohnt.
- Im *zweiten Durchgang* überfliegen wir die gewählten Kapitel und Abschnitte, markieren die Stellen, die uns wichtig erscheinen, oder fügen Zettel ein, wo wir uns vertiefen wollen (vgl. auch Seite 127).
- Erst im *dritten Durchgang*, und nur dort, wo es sich lohnt und die Inhalte mit unseren eigenen Lernzielen übereinstimmen, lesen wir konzentriert und systematisch.

Für das systematische, lernende Lesen, die intensive Auseinandersetzung mit den auf diese Weise ausgewählten Texten empfiehlt sich folgendes Vorgehen:

Lesen mit Fragen

Bereits durch diese Vorbereitungen setzen wir uns mit dem Text auseinander, überlegen uns, welche Inhalte für uns von Interesse sind. Bevor wir mit dem Lesen jener Abschnitte beginnen, die wir wirklich bearbeiten wollen, sollten wir uns noch weitere Fragen stellen und unsere Neugier wecken. Untersuchungen zeigen, dass Fragen, die wir vor Beginn der Lektüre stellen, die Konzentration und das Verständnis fördern. Der fragende Mensch verhält sich aktiv, er setzt sich mit seiner Umwelt auseinander, während ein Mensch, der ohne Fragen liest, wie jemand reagiert, der sich ohne Hunger ans Essen setzt: Nur besondere Leckerbissen, d.h. besonders spannende Passagen können ihn noch locken.

Sie interessieren sich für die Frage, in welcher Weise Erwachsene anders lernen als Kinder oder Jugendliche und wollen die Seiten 18 bis 22 dieses Buches bearbeiten. Sie könnten sich folgende Fragen stellen:

- Stimmt es, dass Kinder leichter lernen als Erwachsene?
- Bis zu welchem Alter können Erwachsene lernen?
- Wovon hängt die Lernfähigkeit ab?
- Welche Unterschiede lassen sich feststellen?
- Welche Schlussfolgerungen ergeben sich für mein eigenes Lernen?

Übung

Überlegen Sie mindestens fünf Fragen, die Sie vor der Lektüre der nächsten Abschnitte (Verstehendes Lesen, Notizen und Markierungen) stellen könnten:

Beispiele zum Vergleich finden sich im Anhang Seite 208.

Zu Beginn fällt es sicher schwer, Fragen zu finden und zu formulieren – wir sind zu sehr gewohnt, uns vom Inhalt eines Textes überraschen zu lassen. Am besten notieren wir uns die Fragen, um sie anschließend kontrollieren zu lassen.

Wenn wir nach diesen Vorbereitungen die gewählten Abschnitte lesen, werden wir aufmerksamer sein.

Verstehendes Lesen

Beim lernenden Lesen sind wir meistens allein. Wir haben keine Rückkontrolle durch die Fragen und Beiträge von anderen Lernenden. Es ist deshalb wichtig, dass wir selbst kontrollieren, ob uns die Aussagen klar sind, ob wir damit einverstanden sind.

Dazu gehört, dass wir laufend überprüfen, was wir verstanden haben, was mit unserem bisherigen Wissen übereinstimmt oder widerspricht, ob der Text in sich stimmig ist (vgl. auch Seite 167), und nicht einfach alles aufnehmen und glauben.

Fachbücher sind oft in einer schwer verständlichen Sprache geschrieben. Zunächst müssen wir sicherstellen, dass wir die verwendeten Fremdwörter und Fachausdrücke verstehen; ist dies nicht der Fall und sind im Buch selbst keine Definitionen enthalten, hilft uns ein Lexikon oder Fachwörterbuch. Am besten halten wir die auf diese Weise ermittelten Definitionen in unseren Notizen fest.

Ist dagegen ein Gedankengang unklar, empfiehlt es sich, den ganzen Abschnitt nochmals konzentriert durchzulesen. Bleibt die Unklarheit bestehen, versehen wir den Rand mit einem Fragezeichen und lesen weiter. Nach der Lektüre des ganzen Kapitels ist es – infolge des besseren Überblicks über die Zusammenhänge – oft eher möglich, den Sachverhalt zu verstehen. Zur eigenen Kontrolle können wir eine Zusammenfassung in einfacheren Sätzen schreiben. Nur was wir auch selbst ausdrücken können, haben wir wirklich verstanden.

Wichtig ist auch, dass wir die Tabellen und grafischen Darstellungen nicht auslassen, sondern in unsere Bearbeitung einbeziehen. Wir prüfen, ob wir die im Text aufgeführten Zusammenhänge in den Tabellen nachvollziehen können, ob die Interpretationen zutreffen.

Übung

Betrachten Sie beispielsweise die grafischen Darstellungen auf Seite 48 oder Seite 76

Welche Schlussfolgerungen lassen sich daraus ziehen?

\- -

\- -

\- -

Notizen und Markierungen

Ebenso wenig wie wir alles speichern können, was wir hören, können wir dies bei der Lektüre tun. Wir müssen uns entscheiden, was überhaupt wichtig und speichernswert ist und wie wir für später sichtbar machen können, welche Punkte für uns die wichtigsten sind. Gleichzeitig sollen unsere eigenen Überlegungen festgehalten werden, unsere Bemühungen um einen Überblick, eine Zusammenfassung, unsere Fragen, unsere Hinweise auf andere Informationen.

Für diese Bearbeitung gibt es zwei grundsätzlich verschiedene Einstellungen: Manche Lernende wollen ihre neuen Bücher und Fernkurse möglichst makellos erhalten und verwenden für ihre Notizen deshalb Blätter und Karteikarten, die sie dazuheften, in Ordern und Karteikästen verwahren oder im Computer speichern. Dass dies auch für alle ausgeliehenen Bücher gilt, dürfte selbstverständlich sein. Andere möchten ihre Auseinandersetzung mit dem Text deutlich hervorheben: Sie unterstreichen die wichtigsten Wörter und Sätze im Buch mit Bleistift, heben sie mit Leuchtmarkern hervor, machen Randbemerkungen.

Entscheiden Sie selbst, welches Vorgehen Ihnen mehr entspricht. Wenn Sie Notizen erstellen, haben Sie verschiedene Möglichkeiten. Welche Sie wählen, hängt von Ihren Vorlieben, aber auch davon ab, wie intensiv Sie den Text bearbeiten und wofür Sie Ihre Notizen später gebrauchen:

- Wenn Sie ganze Kapitel, Artikel oder Bücher im Hinblick auf eine spätere Prüfung durcharbeiten, empfiehlt sich die Arbeit mit Blättern im DIN-A4-Format, die Sie unterteilen (vgl. Abb. auf Seite 135).

Fassen Sie jeweils nach dem Lesen eines Unterkapitels die wichtigsten Punkte aus dem Gedächtnis im Abschnitt A des Blattes zusammen und kontrollieren Sie dann, ob Sie nichts vergessen haben. Oft ist dazu ein mehrmaliges Lesen, Zurückblätter, Überprüfen der Gliederung, der Tabellen erforderlich.

Wenn Sie ein ganzes Kapitel auf diese Weise bearbeitet haben, prüfen Sie nochmals Ihre Notizen und ergänzen sie – deutlich getrennt – durch Ihre eigenen Überlegungen, durch Hinweise auf Bücher oder Artikel zum Thema, Ihre offenen Fragen usw. (Abschnitte B und C).

- Wenn Sie verschiedene Bücher zu einem Thema durchsehen, aus einigen mehrere Passagen übernehmen, aus anderen nur einzelne Informationen oder Definitionen, leisten Karteikarten gute Dienste (vgl. Seite 174).
- Wenn Sie für sich selbst einen Überblick über Zusammenhänge, Schlussfolgerungen gewinnen wollen, überlegen Sie, ob eine Tabelle oder Skizze dies ermöglicht.

Als Beispiel für die Herstellung einer *Tabelle* kann das zweite Kapitel (Seite 38) dienen. Da acht Gesetzmäßigkeiten (A–H) dargestellt sind, von jeder eine Beschreibung und Schlussfolgerungen vorliegen, eignet sich die Tabellenform gut für die Zusammenfassung: In drei Kolonnen mit den entsprechenden Überschriften lassen sich die wichtigsten Informationen eintragen (vgl. Anhang, Seite 211).

Andere Lernende wählen die Form einer *Skizze*, um Informationen für sich zu veranschaulichen und damit besser zu behalten: Sie überlegen, welches die wichtigsten Begriffe sind und in welcher Beziehung sie zueinander stehen (Beispiel Seite 209).

Bearbeiten und Markieren von Texten

Das Anbringen von *Markierungen* im Text hat verschiedene Vorteile: Sie können schnell erstellt werden, wichtige Stellen sind leicht wieder auffindbar, die eigene Aktivität und die bewusste Auswahl erleichtern die Konzentration und das Behalten. Wir können ein persönliches System ausarbeiten, das einen wesentlichen Schritt in der Auseinandersetzung mit dem Text darstellt.

Zwei Probleme sind zu bewältigen:

- Die Erfahrung zeigt, dass wir uns bei der späteren Arbeit stark von den Markierungen leiten lassen und die nicht hervorgehobenen Wörter und Sätze nicht mehr beachten. Es ist deshalb wichtig, dass die Kernpunkte markiert sind.
- Die meisten Leute markieren zu viel. Wenn sie einen Text bearbeitet haben, ist nicht mehr erkennbar, welches die wichtigsten Aussagen sind.

Genauso wichtig wie systematisch geführte Notizen oder Karteikarten sind übersichtliche, klar gegliederte Markierungen.

Wir können beispielsweise mit Stiften oder Leuchtmarkern in verschiedenen Farben arbeiten (zum Beispiel gelb für »wichtig für mich«, orange für »zentral«, blau für »wichtige Personen und Namen«), einkreisen, unterstreichen, nummerieren, unsere eigenen Überlegungen und Fragen am Rand anbringen oder auf unsere Notizen verweisen: Es gibt viele Möglichkeiten, unsere eigenen Vorlieben ins Spiel zu bringen, ein eigenes System zu entwickeln.

Einige Beispiele von Symbolen und Abkürzungen, die am Rande angebracht werden können:

X	besonders wichtig
!	einverstanden, stimme zu
?!	Zweifel, nicht einverstanden
?	unklar
D	Definition (einrahmen)
B	gutes Beispiel
S. 34	Verweis auf andere Textstelle
① ②	Verweis auf eigene Notizen, die entsprechend nummeriert sind
s. Müller, S. 58	Verweis auf ein anderes Fachbuch
+ –	Vorteile, Nachteile
→	Schlussfolgerungen

Übung

Markieren Sie die folgenden Seiten nach Ihrem bisherigen oder einem neu entwickelten System.

Wenn Sie nach diesen Ausführungen der Ansicht sind, dass das geschilderte Vorgehen beim Lesen sehr aufwendig ist, sollten Sie sich in Erinnerung rufen, dass Sie ja vorher die Lektüre sorgfältig prüfen. Nur jene Texte, mit denen Sie sich wirklich auseinandersetzen wollen, die Sie kritisch bearbeiten, lernen, längerfristig speichern wollen, werden Sie auf diese Weise bearbeiten. Dann aber lohnt sich der Aufwand, da Sie Ihr Lernziel auch wirklich erreichen.

Kursbesuche

Sind Kursbesuche für Sie geeignet?

Kurse eignen sich für systematische Einführungen in viele Wissensbereiche.

- ❖ Haben Sie gerne einen äußeren Rahmen (feste Lernzeiten, fester Lernort)?
- ❖ Schätzen Sie Anleitungen, einen klaren Aufbau, regelmäßige Lernkontrollen?
- ❖ Lernen Sie lieber mit anderen zusammen, suchen Sie Kontakt und Gedankenaustausch?
- ❖ Sind Sie ein verbaler oder ein Gesprächstyp?

Welche Schwierigkeiten können auftreten?

- ❖ Aus den Kursankündigungen ist nicht ersichtlich, ob der Stil und die Methoden der Kursleitung, der Schwierigkeitsgrad oder auch der Inhalt unseren Zielen entsprechen.
- ❖ Kurse werden oft von Teilnehmenden mit unterschiedlichen Interessen und Vorbildungen besucht. Die Kursleitung wird versuchen, allen gerecht zu werden. Sie kann aber meist nicht verhindern, dass manche Inhalte den einen oder anderen Teilnehmenden bekannt sind und deshalb für sie zu ausführlich behandelt werden; für andere Teilnehmende können die gleichen Inhalte dagegen völlig neu sein, die Erklärungen damit zu knapp und zu wenig verständlich ausfallen.
- ❖ Auch wenn sie den Stoff verstehen und gut folgen können, fällt es vielen schwer, die Kenntnisse auch längerfristig zu behalten.
- ❖ Vor allem Kurse von privaten Weiterbildungsinstituten sind oft kostspielig.

Für welchen Kurs entscheiden wir uns?

Das Angebot an Kursen und Lehrgängen ist groß. Neben den innerbetrieblichen Weiterbildungsmöglichkeiten gibt es zahlreiche öffentliche und private Schulen und Institute. Die Volkshochschulen bieten auch in kleineren Städten und Landgemeinden oft ein reichhaltiges Programm, an den Universitäten sind manche Kurse allgemein zugänglich, viele

Berufsschulen ergänzen ihre Angebote durch Weiterbildungsmöglichkeiten für Erwachsene, Kirchen, Gewerkschaften, private Vereine und Seminare vermitteln Informationen und Weiterbildung in den verschiedensten Bereichen. Manche Gemeinden oder Regionen legen Übersichtsprogramme über die auf ihrem Gebiet stattfindenden Veranstaltungen auf, viele Organisatoren drucken zwei Mal jährlich ein neues Programm, das in der Tagespresse angekündigt wird. Neben den allgemein bekannten und etablierten Einrichtungen gibt es zudem eine ständig wachsende Zahl selbstorganisierter Lerngruppen.

Wie finde ich den richtigen Kurs?

Angesichts der Vielzahl unterschiedlicher Angebote für verschiedene Adressaten behält jede Übersicht ihre Gültigkeit nur beschränkte Zeit. Es lohnt sich deshalb, verschiedene Suchwege einzuschlagen, entweder selbst über Internet zu suchen oder sich an entsprechende Stellen wie Berufsinformationszentren, Arbeitsämter, Beratungsstellen zu wenden, um zu den aktuellsten und den eigenen Bedürfnissen entsprechenden Angeboten zu kommen.

Kurs ist nicht gleich Kurs. Die obligatorische Schulbildung ist gesetzlich geregelt. Die Angebote für Erwachsene unterliegen dagegen in der Regel keinen gesetzlichen Bestimmungen. Nur Lehrgänge, die staatlich anerkannt sind oder gefördert werden, müssen bestimmte Bedingungen erfüllen. Gerade weil das Angebot so breit ist, ist eine kritische Prüfung notwendig. Nicht jedes Institut, das »Lernen im Schlaf« oder phantastische Lerngewinne ohne Mühe und Pauken verspricht, ist seriös. Es empfiehlt sich deshalb, möglichst viele Angebote zu prüfen und zu vergleichen. Welches entspricht unseren Zielen am besten?

Wollen wir
- uns für einen längeren Lehrgang einschreiben,
- einen Semesterkurs an einer Volkshochschule oder Berufsschule besuchen,
- an einem Wochenendkurs teilnehmen?

Suchen wir
- hauptsächlich Wissensvermittlung durch Vorträge, die auch vor einem großen Publikum stattfinden können,
- Möglichkeiten zum Gedankenaustausch, zum Gespräch, zur Diskussion in einer überschaubaren Gruppe,
- vorwiegend eigene Aktivität?

Die äußeren Bedingungen stehen in der Regel fest und bestimmen auch die Rolle der Kursleitung. Um entsprechend unseren Vorstellungen lernen zu können, informieren wir uns darüber vor der Anmeldung. Folgende Fragen sollten geklärt sein:

Bei Lehrgängen:

- Wird der Abschluss anerkannt? Zu welchen weiteren Ausbildungen berechtigt er?
- Welche Vorkenntnisse sind Voraussetzung?
- Welche Kündigungsfristen gelten? Günstig sind möglichst kurze, zum Beispiel vierteljährliche Kündigungsfristen.
- Welche Kosten entstehen für den Unterricht, welche zusätzlichen für die Lehrmittel?

Bei Direktunterricht:

- Welche Unterrichtsmethoden kommen zur Anwendung?
- Aus wie viel Personen besteht eine Kursgruppe?
- Ist eine kostenlose Probeteilnahme am Unterricht möglich?
- Welche Kosten (zum Beispiel Lernmaterial) fallen außer dem Kursgeld an?
- Kann das Lernmaterial vorher geprüft werden?

Im Zweifelsfall erkundigen wir uns besser bei einer neutralen Stelle, beispielsweise einer Verbraucherorganisation, bevor wir teures Lehrgeld bezahlen. Vor allem ist dies natürlich bei Lehrgängen, die sich über mehrere Jahre erstrecken, zu empfehlen.

In der Erwachsenenbildung wird oft in kleinen Gruppen gearbeitet. Die Kursleiterin oder der Kursleiter führt in ein Thema ein, erklärt, schlägt Übungen vor und steht für Fragen zur Verfügung. Die Teilnehmenden diskutieren, erarbeiten Lösungen, führen Protokolle und vergleichen ihre Ergebnisse mit jenen der andern.

z. B.

Frau Meier ist in ihrem Kurs eine aufmerksame Zuhörerin. Sie notiert sich nicht nur die Erklärungen des Kursleiters und seine Hinweise auf weiterführende Bücher, sondern auch die Antworten, die er auf die Fragen anderer Teilnehmender gibt, und Anwendungsbeispiele, die aus dem Kreis der Lernenden kommen. Selbst meldet sie sich jedoch nicht; sie zweifelt, ob ihre Fragen wichtig genug sind, ob ihre Erfahrungen die anderen interessieren.

Herr Zoller geht nie unvorbereitet in eine Kursstunde. Am Vorabend liest er die in der letzten Stunde erstellten Notizen, die bereits abgegebenen Unterlagen nochmals durch, prüft anhand des Kursprogramms, welches Thema zur Sprache kommen wird, und überlegt sich einige Fragen, die er beantwortet haben will. Er meldet sich, wenn ihm etwas unklar ist, wenn er Einzelheiten nicht einordnen kann, wenn er nicht sieht, wie sich eine Theorie praktisch umsetzen lässt.

Eines der wichtigsten Lerngesetze besagt, dass die eigene Aktivität der Lernenden für den Erfolg von großer Bedeutung ist. Jene Teilnehmenden, die sich gezielt vorbereiten, aktiv zuhören, kritisch mitdenken, Fragen stellen, Protokolle schreiben, Notizen machen, zusammenfassen, profitieren in Kursen am meisten.

Auch wenn es uns anfänglich schwer fällt, sollten wir deshalb unsere Hemmungen überwinden und uns mit unseren Fragen melden. Beispiele von Fragen finden sich auf Seite 36/37.

Übung

Nehmen wir an, Sie besuchen einen Kurs mit dem Titel »Sicherer auftreten – Redetraining für Erwachsene«. Welche Fragen würden Sie sich vorher zu diesem Thema überlegen?

Vergleichen Sie Ihre Antworten mit den Beispielen auf Seite 211.

Arten von Notizen

Wenn wir einen Kurs nicht nur zur Unterhaltung oder aus einem vorübergehenden Interesse besuchen, sondern die Inhalte später weiter verwenden wollen, müssen wir uns Gedanken über die Form unserer Notizen machen.

Oft werden in Weiterbildungsveranstaltungen Unterlagen (Fotokopien, Vervielfältigungen) abgegeben, die die wichtigsten Informationen enthalten. Wie die Lernpsychologie zeigt, speichert unser Gedächtnis nur Inhalte, die wir anwenden, wiederholen, mit denen wir uns auseinandersetzen. Auch »fertige« Unterlagen sollten wir deshalb im Anschluss an die Kursstunde weiter bearbeiten. Prüfen Sie, welche Art von Markierungen (Seite 128) Ihnen entspricht. Während des Zuhörens können bereits Unterstreichungen, Verweise vorgenommen, eigene Fragen am Rand oder in separaten Notizen vermerkt werden.

Erstellen wir eigene Notizen, werden wir zwar während der Kursstunde mehr beansprucht. Wir müssen genau zuhören, entscheiden, was wichtig ist, Zusammenfassungen formulieren, übersichtlich darstellen. Oft ist dies alles zusammen nicht einfach. Die Konzentration auf den Vortrag wird durch diese eigene Aktivität jedoch erleichtert.

Eine bewährte Form von Notizen besteht in der Verwendung von losen Blättern im A4-Format, die dreigeteilt werden (s. Abb. Seite 135).

Jedes Blatt wird zunächst mit dem Datum, dem Namen des Kursleiters oder der Kursleiterin und einer laufenden Seitenzahl gekennzeichnet (D). Die eigentlichen Notizen werden in das Feld A eingetragen. Kolonne B nimmt Gliederungshinweise auf und wird beim Überarbeiten der Notizen ausgefüllt (vgl. Seite 170).

So wenig wir beim Lesen alles »schlucken« wollen, was uns vorgesetzt wird, so wenig verlieren wir unsere Kritikfähigkeit beim Zuhören. Wenn wir mit Ausführungen nicht einverstanden sind, wenn uns dazu Fragen, Gegenargumente oder Ergänzungen einfallen, sollten wir diese auch aufschreiben, um sie entweder bei der anschließenden Diskussion oder bei der späteren Bearbeitung noch gegenwärtig zu haben.

Wichtig ist aber, dass wir diese eigenen Gedanken deutlich trennen von jenen der Vortragenden. Aus unseren Notizen muss klar hervorgehen,

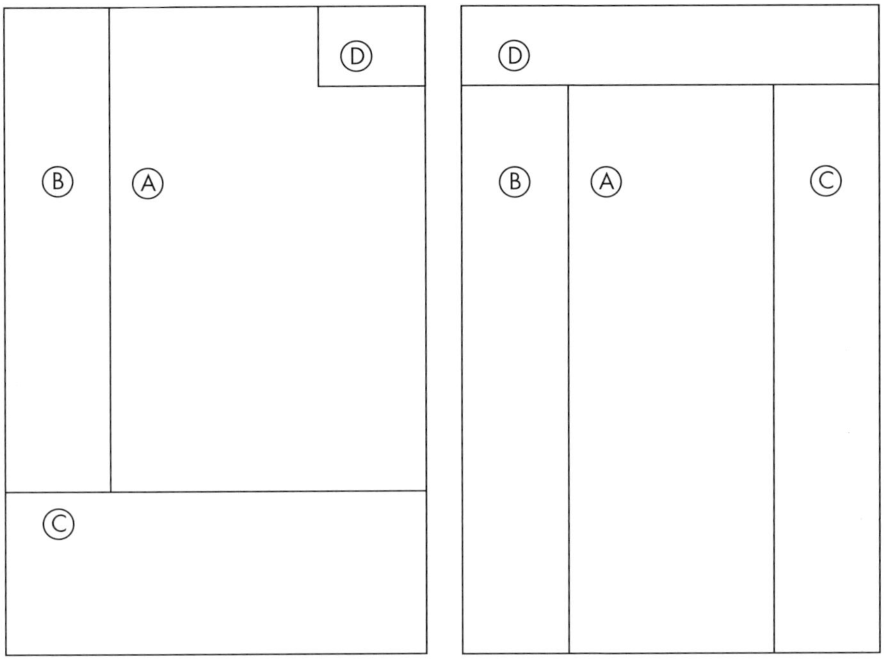

A = Notizen
B = Gliederungs-hinweise
C = Ergänzungen beim Überarbeiten
D = Name des Dozenten, der Dozentin, Datum

welche Informationen im Kurs vermittelt wurden und welches unsere eigenen Überlegungen und Argumente sind. Dies gelingt am besten, wenn wir die Blätter, wie vorgeschlagen, dreigeteilt haben und unsere Anmerkungen in Spalte C anbringen. Eine andere Möglichkeit besteht darin, für die Ergänzungen einen andersfarbigen Stift zu verwenden als für die Kursnotizen.

Fehlt uns während des Zuhörens die Zeit, unsere Kritik zu notieren, bringen wir am Rand ein großes Fragezeichen an. Es erinnert uns später daran, mit welchen Ausführungen wir nicht einverstanden waren.

Die Aufteilung der Notizblätter bewährt sich auch, wenn wir ein Protokoll einer Diskussion, Gruppenarbeit oder einer Besprechung anzufertigen haben.

Natürlich notieren wir auch Hinweise der Kursleiterin oder des Kursleiters auf ergänzende Literatur, auf Artikel. Angaben dazu, wie diese zu beschaffen sind, wie man damit umgeht, finden Sie in den Kapiteln auf den Seiten 109 bis 129.

Ⓑ

Ⓐ

R. Schräder-Naef
24.9.97

Ⓓ

	Notizentechnik
Kriterien für gute Notizen	Gute Notizen erfüllen folgende Kriterien: – übersichtlich, leserlich, gut gegliedert – flexibel einzuordnen, klar beschriftet (Quelle) – gute Prüfungsgrundlage – deutliche Trennung zwischen Vortrag und eigenen Anmerkungen – können ergänzt werden – enthalten wichtigste Informationen
Vorbereitung	**Vorbereitung** – Auseinandersetzung mit Thema, Durchsicht früherer Notizen – Lernziel
Schreiben	**Wichtigste Inhalte** – Nicht zu viel, nicht zu wenig – Aufbau, Gliederung festhalten – Hauptaussagen (wer, wo, was, warum) – Namen, Daten, Literaturhinweise notieren
Überarbeiten	**Nachbereitung** – Möglichst bald nach dem Aufnehmen – Aufbau, Verständlichkeit, Gliederung prüfen, wenn nötig ergänzen – Schlagwörter, eigene Gedanken, Querverweise anbringen

Ⓒ

Vergl. auch »Rationeller Lernen lernen« S. 169ff.

- Vorgehen vor allem für Vorträge, Einführungen geeignet
- auch bei abgegebenen Vervielfältigungen sind Markierungen, Schlagwörter und Anmerkungen zu empfehlen

Eine andere Form, die vielen Lernenden sowohl für das Ordnen der Gedanken bei der Planung ihrer Weiterbildung (Seite 31), beim Zuhören in Kursen oder bei der Nachbereitung entspricht, sind Mind Maps. Als Mind Map bezeichnet man grafische Darstellungen, die mit Ästen um einen zentralen Begriff gebildet werden (s. Abb. Seite 138). Sie können mit Zeichnungen, Farben und verschiedenen Schriftgrößen gestaltet und flexibel erweitert werden. Diese Art der Darstellung ist vielseitig anwendbar, kreativ, individuell und gedächtnisfördernd. Ideen und Informationen lassen sich auf diese Weise schnell festhalten und systematisch gliedern. Als *Nachteile* sind zu nennen, dass Mind Maps bei vielen Elementen unübersichtlich werden, dass Begriffe nicht mit anderen Bereichen verknüpft werden können und dass sie nicht auf den ersten Blick durchschaubar sind. Es gibt jedoch bereits computergestütztes Mind Mapping, das Verknüpfungen und Querbezüge ermöglicht. Das Beispiel auf Seite 138 zeigt die Vorüberlegungen einer Frau, die ihre Englischkenntnisse verbessern will.

Fernkurse

Sind Fernkurse für Sie geeignet?

- Schätzen Sie die Vorteile des Lesens?
- Brauchen Sie ein Feedback?
- Wollen Sie Ihre Lernzeiten selbst bestimmen?
- Wollen Sie aus praktischen Erwägungen oder infolge zu großer Distanz zu einer Weiterbildungsmöglichkeit lieber zu Hause lernen?
- Haben Sie unregelmäßige oder flexible Arbeitszeiten?
- Benötigen Sie Grundlagenkenntnisse,
- systematische Einführungen,
- Prüfungsvorbereitungen?

Als wichtigste *Vorteile* von Fernkursen gelten die räumliche und zeitliche Unabhängigkeit: die Lektionen werden ins Haus geliefert – es müssen keine Wegzeiten in Kauf genommen werden. Die Lernzeiten können wir so planen, dass sie am besten in unseren Tagesablauf passen.

Auch hinsichtlich Lerntempo und -rhythmus sind wir unabhängig. Wir können von unseren Vorkenntnissen und Erfahrungen ausgehen, uns mit Gebieten, die uns Mühe bereiten, intensiver befassen und über be-

z. B.

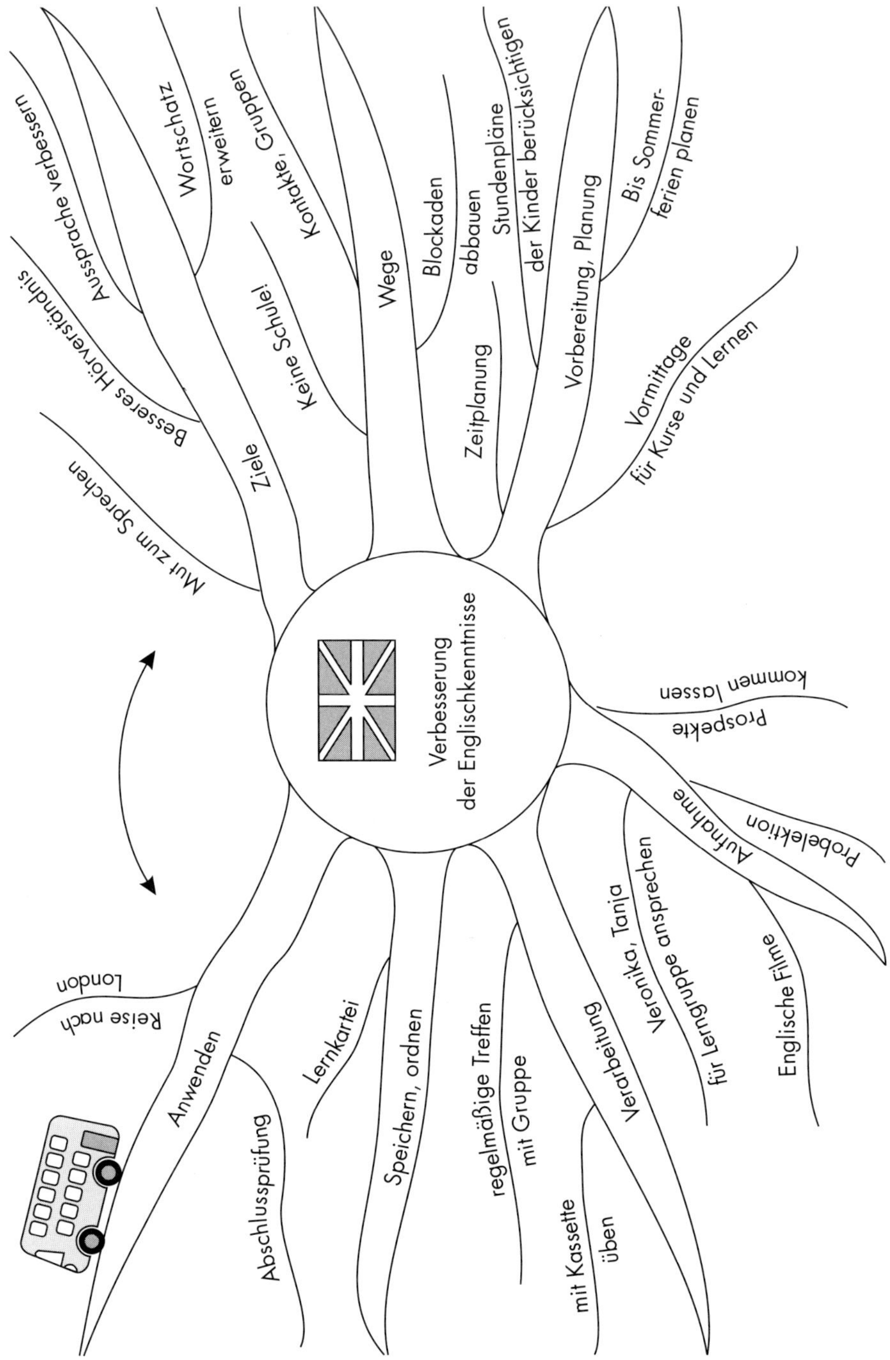
Verbesserung der Englischkenntnisse
Ziele
Aussprache verbessern
Wortschatz erweitern
Besseres Hörverständnis
Mut zum Sprechen
Keine Schule!
Kontakte, Gruppen
Wege
Blockaden abbauen
Zeitplanung
Stundenpläne der Kinder berücksichtigen
Vorbereitung, Planung
Bis Sommerferien planen
Vormittage für Kurse und Lernen
Prospekte kommen lassen
Aufnahme
Probelektion
Englische Filme
Veronika, Tanja
Verarbeitung
Lerngruppe ansprechen
für Lerngruppe ansprechen
mit Kassette üben
regelmäßige Treffen mit Gruppe
Speichern, ordnen
Lernkartei
Anwenden
Abschlussprüfung
Reise nach London

reits Bekanntes schneller hinweggehen, als wenn in einem Schulungskurs auf den »Durchschnitt« einer größeren Zahl von Teilnehmenden abgestellt wird.

Welche Schwierigkeiten können auftreten?

Die Nachteile von Fernkursen sind praktisch die »Kehrseiten« der genannten Vorteile – sie entstehen ebenfalls aus der Unabhängigkeit:

- Ohne den äußeren Rahmen des Direktunterrichts und eine Kontrolle durch andere ist die Versuchung, die guten Vorsätze zu vergessen, groß. Sehr viele Erwachsenen führen die Fernlehrgänge nicht zu Ende, weil sie den Aufwand unterschätzen; viele senden noch nicht einmal die ersten Aufgaben ein.
- Es ist viel Selbstdisziplin erforderlich, um sich neben Erwerbstätigkeit, Familie, sonstigen Verpflichtungen und dem Bedürfnis nach Entspannung dennoch hinzusetzen und den Lehrheften zu widmen.
- Erschwerend wirkt sich auch das Fehlen von »Leidensgenossen« aus. Es fällt leichter, sich gemeinsam mit einem Thema auseinanderzusetzen und bei der Stange zu bleiben; die Fragen und Probleme anderer wirken als Anregung und erweitern das Verständnis.
- Im Unterricht haben die Kursleiterin oder der Kursleiter wichtige Aufgaben. Sie vermitteln nicht nur den Wissensstoff, sie überlegen sich auch den besten Zugang dazu, sie stellen Fragen und Aufgaben, um zu prüfen, ob die Lernenden die Ausführungen verstanden haben.
- Der Erfolg hängt bei einem Fernkurs in besonderem Maße von einer guten Arbeits- und Lerntechnik ab. Es braucht mehr eigene Motivation, sich an die Lernzeiten zu halten.
- Nicht alle Institute, die Fernkurse anbieten, sind seriös. Bevor wir teures Lehrgeld bezahlen, tun wir gut daran, uns bei einer neutralen Instanz (Verbraucherschutzorganisation) zu erkundigen (vgl. Seite 132).

Zu klären ist: Gibt es ein Rücktrittsrecht innerhalb von mindestens sieben Tagen nach Erhalt der ersten Lehrmaterialsendung? Ist sichergestellt, dass die Fernschule kein Kreditinstitut (Teilzahlungsbank) einschaltet, wie es bei einer Trennung in einen pädagogischen und finanziellen Teil des Studienvertrages möglich ist? Kann das Studienmaterial ohne Verpflichtung geprüft werden? Sind die Gesamtkosten transparent, einschließlich etwaiger Einschreibe- oder Abstandszahlungen?

Vorgehen

> Herr Müller bearbeitet zurzeit zwei verschiedene Fernkurse. Sie sind in je zwölf Lehrhefte eingeteilt. Vom Institut weiß er, dass er mit einer Bearbeitungszeit von 15 bis 25 Stunden pro Heft rechnen muss. Er hat sich vorgenommen, zehn Stunden pro Woche für die Kurse einzusetzen und jeden Monat von beiden Fernkursen je ein Heft abzuschließen. An zwei Abenden pro Woche arbeitet er je drei Stunden, am Samstagvormittag vier Stunden. Die einzelnen Lernetappen gliedert er durch Pausen, er wechselt sowohl zwischen seinen beiden Gebieten als auch zwischen Lesen und Schreiben, Rekapitulieren und Beantworten der Zwischenfragen. Jede Lernetappe beginnt er mit einer Wiederholung des Stoffes und beendet sie mit einer Überprüfung und Ergänzung seiner Notizen.

Das Angebot an Fernkursen für die Weiterbildung Erwachsener ist in den letzten Jahren stark ausgebaut worden. Die Zahl der Teilnehmenden steigt ständig. In Deutschland waren 1994 etwa ein Prozent der Weiterbildungsteilnehmenden an Fernlehrinstitutionen eingeschrieben. Neben allgemein bildenden Kursen und Vorbereitungen auf kaufmännische und andere Abschlussprüfungen sind auch Fernuniversitäten entstanden, die ganze Studiengänge anbieten.

In Deutschland prüft seit 1977 eine staatliche Zentralstelle in Köln die Fernlehrgänge rechtlich und pädagogisch auf ihre Zulassung hin. In der Schweiz bestehen keine gesetzlichen Bestimmungen zur Überprüfung des Angebots, doch haben sich die Mitglieder des Schweizerischen Verbands für Fernunterricht zum Schutz der Verbraucher einen »Ehrenkodex« gegeben: Dieser enthält unter anderem Grundsätze für eine wahrheitsgetreue Werbung, regelmäßige fachliche und pädagogische Studienbetreuung und uneingeschränkte Kündigungsmöglichkeiten. Interessenten ist zu empfehlen, sich vor Vertragsabschluss in der Bundesrepublik an die Zentralstelle in Köln zu wenden und in der Schweiz zu prüfen, ob das betreffende Institut dem Verband angehört.

In der Schweiz bereiten sich viele Erwachsene durch Fernlehrgänge auf eidgenössische Prüfungen (Matura, anerkannte Abschlüsse in Betriebsökonomie, Informatik, Buchhaltung) vor.

Wenn Sie sich für einen Fernkurs entscheiden, prüfen Sie, wie Sie die oben erwähnten Probleme lösen können. Am besten stellen Sie einen

Zeitplan auf (vgl. Seite 90) und tragen ein, zu welchen Stunden Sie sich mit den Lektionen auseinandersetzen wollen. Auch hier gelten natürlich die Empfehlungen, die hinsichtlich des Lernens aus schriftlichen Unterlagen gegeben wurden:

- Keine zu langen Lernetappen.
- Schalten Sie Pausen ein, wechseln Sie zwischen Lesen und Schreiben, Aufnehmen und eigener Tätigkeit.
- Halten Sie sich möglichst an die geplanten Zeiten.
- Planen Sie Reservezeiten ein.

Gute Fernkurse sind nach lernpsychologischen Gesichtspunkten erstellt: In den Lernheften, die die Teilnehmenden regelmäßig erhalten, sind die Informationen besonders sorgfältig gegliedert, Fragen, Übungen und Aufgaben zum Einsenden dazwischengestreut. Neben den klassischen Lehrbriefen zum angeleiteten Selbststudium beziehen die Lehrgänge zunehmend auch neue Medien ein: Disketten, CD-ROM, Audio- und Videokassetten, Computerprogramme und Informations- und Kommunikationsmöglichkeiten über Telefon, Fax und Internet oder sie sind mit Radio- oder Fernsehprogrammen gekoppelt.

In Zusammenhang mit den Lerngesetzen (Seite 38) wurde schon mehrfach betont, wie wichtig für die Lernenden eine Rückmeldung ist: Nur wenn wir wissen, ob wir einen Fehler gemacht haben oder auf dem richtigen Weg sind, können wir uns umorientieren oder den eingeschlagenen Kurs beibehalten. Wer sich für die Bearbeitung eines Fernkurses entschließt, sollte deshalb die Zwischenfragen auch wirklich beantworten, die gestellten Aufgaben unter den angegebenen Bedingungen lösen und einsenden. Natürlich muss es bei jedem Fernkurs möglich sein, der korrigierenden Lehrperson Fragen zu stellen.

Weitere Kontrollen und Anregungen ergeben sich durch Lerngruppen. Wenn möglich sollten Sie Ihren Fernkurs durch regelmäßiges Treffen mit anderen Lernenden ergänzen (vgl. Seite 149).

Lernen mit den neuen Informationsmedien

Entspricht Ihnen das Lernen mit Hilfe der neuen Informationstechnologien?

- Haben Sie Spaß an moderner Technik?
- Haben Sie einen eigenen Computer oder in der Firma oder Ihrem Lerninstitut die Möglichkeiten einen PC zu benutzen?
- Können Sie mit technischen Geräten umgehen und haben Sie Geduld und Nerven, wenn es technische Probleme und Pannen gibt?
- Haben Sie Kontakt zu anderen Personen, die auch unter Einsatz der neuen Medien lernen?
- Liegt es Ihnen, Lerninhalte über den Monitor und Lautsprecher aufzunehmen?
- Lernen Sie gerne allein?
- Wollen Sie Ihre Lernzeit selbstständig einteilen?

Computer werden schon seit einigen Jahrzehnten als Lernhilfe genutzt; durch CD-ROM und in noch viel größerem Umfang durch das Internet, die vielfach als die neuen Medien bezeichnet werden, sind die Anwendungsmöglichkeiten in letzter Zeit entscheidend erweitert worden. Dazu gehören:

- Multimedia-Fähigkeit (CD-ROM und Internet) und
- einfacher Datenaustausch im Rahmen eines weltweiten Netzwerkes (Internet).

Welche Schwierigkeiten können auftreten?

- Trotz laufender Verbesserung in der Handhabung der Programme ergeben sich recht häufig technische Probleme.
- Kontakte und Anregungen durch andere Lernende fehlen. Trotz Interaktivität mit Kontakt zu einem Tutor besteht die Gefahr, vor dem Bildschirm verloren zu gehen.
- Die zeitliche Flexibilität erfordert eine große Selbstkontrolle.
- Die Arbeit am Bildschirm ist ermüdend, die Körperhaltung oft unrichtig. Bei länger dauernder Konzentration kommt es oft zu Verspannungen.
- Nicht immer ist die Qualität der angebotenen Erzeugnisse akzeptabel. Die Entwicklung guter Lernprogramme und Nachschlagewerke ist aufwendig, sie sind deshalb relativ teuer.

- Die vielen preiswerten Angebote sind auf den ersten Blick verlockend, lohnen aber letztlich nicht, da sie nach kurzem Gebrauch langweilen und nicht mehr zufriedenstellen.

Computer in den Schulen und in den meisten Berufen

In den Schulen ist der Umgang mit den neuen Medien heute selbstverständlich, unsere Kinder lernen sie als hilfreiche Werkzeuge nutzen. Bei den Erwachsenen wächst dagegen die Kluft zwischen jenen, die sich bei ihrer beruflichen Tätigkeit die entsprechenden Kenntnisse angeeignet und laufend ergänzt haben, und den anderen, die diesen Entwicklungen mit Misstrauen und Abwehr gegenüberstehen.

Für immer mehr Berufstätige ist es von entscheidender Bedeutung, dass sie mit den neuen Medien umgehen, mit den neuesten Entwicklungen Schritt halten können. Längst ist der Umgang mit einem Computer für viele Berufe unumgänglich geworden und wird nicht nur die Stellensuche sondern auch der Arbeitsplatzerhalt ohne Computerkenntnisse immer schwieriger. Gleichzeitig eröffnet diese neue Technologie individuelle Lernformen und kann für die Weiterbildung in allen Bereichen genutzt werden.

Vorgehen

Der Umgang mit der neuen Technik erfordert vom Menschen eine besondere Einstellung, wenn er nicht zu deren Diener werden will.

Wichtig sind:

- **Ängste vor dem Unbekannten und Neuen ablegen** – was in früheren Zeiten die Eisenbahn oder das Automobil waren, das ist heute der Computer und die immer weiter gehenden Einsatzmöglichkeiten.
- **Unbefangenheit und Freude** daran, etwas auszuprobieren; nehmen Sie den Computer und seine Anwendungen nicht zu ernst. Sie werden und können ruhig Fehler machen, gute Programme sollten das vertragen und Sie bei der Anwendung führen.
- **Konzentration auf das Wesentliche:** Entscheidend ist, was Sie auf Ihrem Lernweg weiterbringt. Die neuen Medien sollen nur Hilfsmittel, aber nicht Selbstzweck sein. Es gibt gerade im Bereich der neuen Medien auch viel unnützes Spielzeug, mit dem Sie sehr viel Zeit und Geld vertun können.

CD-ROM

Nach dem Siegeszug als Nachfolgerin der Musik-Schallplatte hat die Compact Disc (CD) ihren Weg als idealer Speicher von großen Datenmengen auch im Computerbereich fortgesetzt. Die enorme Kapazität der CD hat es möglich gemacht, Bild, Text und Ton gemeinsam auf einem Medium in digitaler Form zu speichern. Mit Hilfe von schnellen CD-Laufwerken können die unterschiedlichen Datenarten gelesen und gleichzeitig auf dem Bildschirm und/oder Lautsprecher wiedergegeben werden.

Die Integration von Bild, Text und Ton wird als Multimedia Wiedergabe bezeichnet.

Aufgrund dieser Möglichkeiten hat sich die CD-ROM sehr schnell durchgesetzt, so sind heute praktisch alle neuen PCs mit CD-ROM-Laufwerken ausgestattet.

Die Bezeichnung CD-ROM (Compact Disc – Read Only Memory) bedeutet, dass sie vom Nutzer nur gelesen, aber nicht beschrieben werden kann. Auch auch hier bleibt die Entwicklung nicht stehen, seit einiger Zeit können mit Hilfe eines Zusatzgerätes (CD-Brenner) CDs auch vom Anwender selbst mit eigenen Produktionen »beschriftet« werden.

Die große Firma, in der Frau Meier arbeitet, hat ein eigenes Schulungszentrum. Dort wird mit computergestützten Lernprogrammen gearbeitet. Frau Meier kann Kurse aus vielen Bereichen (z.B. Sprachen, Volkswirtschaft, Betriebswirtschaft, Personalwesen) auswählen. Sie entscheidet sich für einen Kurs in Englisch, der auf ihrem bisherigen Niveau aufbaut. Das Lernprogramm bietet verschiedene »Lernbausteine« an, deren Bearbeitung jeweils etwa eine Stunde beansprucht. Frau Meier geht einmal pro Woche nach der Arbeit in das Schulungszentrum und arbeitet an ihrem Kurs. Dabei kann sie ihren eigenen Lernpfad bestimmen. Bei allen Übungen arbeitet sie aktiv mit, indem sie z.B. fehlende Wörter einsetzt oder Antworten gibt. Zum Schluss erhält sie jeweils eine Auswertung über den Stand ihres Wissens.

Durch die CD-ROM wurde es möglich, moderne Lernprogramme zu entwickeln, die Lerninhalte in anschaulicher Form vermitteln. Mit Multimedia wurde gegenüber den bisher bekannten Lernprogrammen auf dem Computer ein wesentlicher Fortschritt erreicht und die Freude beim Lernen wesentlich erhöht.

Die Angebotspalette im Bereich Bildung und Information ist groß, die Schwerpunkte liegen im Sektor Nachschlagewerke und Sprachen.

Vor dem Kauf von teuren Lernprogrammen empfiehlt es sich, soweit möglich, diese vorher anzusehen bzw. Testurteile von neutralen Instituten einzuholen.

Internet

Eine ganz neue Dimension bei den Informationssystemen und für das Lernen hat das Internet gebracht.

Das Internet ist ein öffentliches, weltumspannendes Computernetzwerk, das ein riesiges Potential an Daten und Informationen größtenteils kostenlos zur Verfügung stellt. Für den Zugang zu diesem Netzwerk benötigt man zusätzliche Hard- und Software. Mit einem Zusatzgerät zum PC, z.B. einem Modem, kann über die Telefonleitung Kontakt zu einem Internet Provider aufgenommen werden, der den Zugang zu den nationalen und internationalen Datenleitungen und damit zum gesamten Netzwerk gewährt. Die für die Nutzung des Internet erforderlichen Programme (der s.g. Browser) werden zur Zeit kostenlos von den Softwarehäusern und Providern zur Verfügung gestellt.

Über die Ortsverbindung zum Internet-Provider können wir Kontakt zu allen Netzteilnehmenden auf der ganzen Welt aufnehmen. Die Kosten, die dabei anfallen, sind relativ gering: Anschaffungskosten für Modem, Anschlussgebühr beim Provider sowie Telefon-Gebühren für Ortsanschluss.

Das Internet umfasst eine Reihe von Diensten, die allein oder auch in Kombination miteinander genutzt werden können und die am Anfang vor allem dem Austausch von wissenschaftlichen Informationen dienten:

- *Electronic Mail (E-Mail)*: Austausch von Informationen jeglicher Art zwischen den Internetteilnehmenden,
- *News Groups (auch Usenet-News)*: globale Diskussionsforen im Aufbau ähnlich einem »Schwarzen Brett« nach Themenbereichen geordnet,
- *FTP (Abkürzung für File Transfer Protocol): dient dem Austausch von Dateien und Programmen,*

- *World Wide Web (WWW): jüngster und inzwischen bekanntester Dienst, der meistens gemeint ist, wenn von Internet gesprochen wird.*

Seinen Ursprung hat das Internet im Austausch elektronischer Nachrichten (E-Mail) und der Übermittlung von Dateien, Texten und Artikeln (FTP). Erst in jüngster Zeit (etwa 1990) ist das World Wide Web (WWW) hinzugekommen und hat sich explosionsartig entwickelt. Der Grund für die enorme Popularität des »Webs« liegt in der bequemen Handhabung, der multimedialen Darstellung und der Vielfalt des angebotenen Stoffes. So lassen sich die Inhalte über Text, Grafik, Bilder, Video und Töne vermitteln.

Weltweiter Informationsaustausch mit dem Internet

Der Informationsanbieter errichtet auf einem Rechner eine sogenannte Homepage als Ausgangsdokument. Diese kann von allen Teilnehmenden des weltweiten Netzes unter Aufruf der entsprechenden Adresse geladen werden. Durch Anklicken von markierten Texten, Bildern, Grafiken usw. der ausgewählten WWW-Seite gelangt man auf WWW-Seiten von anderen Teilnehmenden irgendwo auf der Welt. Auf diese Weise kann man auf der weltweiten Informationsflut surfen.

Das Internet spielt heute für die Informationsbeschaffung eine wichtige Rolle.

Das im Netz vorhandene Volumen ist gewaltig und wächst ständig weiter. Allerdings ist die Qualität der Informationen unterschiedlich, außerdem werden nicht alle Bereiche gleich stark abgedeckt. Da im Web keinerlei Kontrolle über den Inhalt ausgeübt wird, muss bei der Verwendung von Informationen mit entsprechender Vorsicht vorgegangen werden.

Wer bisher schon die großen Online-Datenbanken für Recherchen eingesetzt hat, kann dies heute noch einfacher über Internet machen. Diese Dienste sind – abweichend von sehr vielen anderen Angeboten – kostenpflichtig.

In immer größerem Umfang werden Informationen von öffentlichen Institutionen der Allgemeinheit über Internet zur Verfügung gestellt, z.B. statistische Daten, Texte von Gesetzen und Richtlinien etc.

Lernen mit dem Internet

In Absprache mit seinem Chef bildet sich Herr Franz bei der Internet Business School über den Internet-Anschluss der Firma im Bereich Betriebswirtschaft weiter. Die Anmeldung und Zuteilung eines Passwortes erfolgte über E-Mail. Aus dem vielfältigen Angebot wählte er zunächst den Bereich Kosten- und Leistungsrechnung, lädt sich den jeweiligen Lehrbrief vom Internet auf seinen PC herunter und druckt ihn anschließend zur Bearbeitung aus. Seine Antworten auf die gestellten Aufgaben schickt er per E-Mail an den für ihn zuständigen Tutor.

Vielfältig sind inzwischen auch die Angebote zur Aus- und Weiterbildung im Internet, auch als Telelearning oder Online-Lernen bezeichnet. Die Kontakte zwischen Lehrenden und Lernenden erfolgen meist zeitlich versetzt über E-mail, daneben werden gemeinsame »Sprechstunden« eingerichtet.

Neue »virtuelle Universitäten« bieten nicht nur interaktives Lehrmaterial, sondern auch umfassende Kommunikationsmöglichkeiten zwischen den Studierenden für ein gemeinsames Lernen sowie einen bequemen Zugang zur (traditionellen und digitalen) Bibliothek. Elektronische Fernstudienmöglichkeiten werden zweifellos in Zukunft stark zunehmen.

In den USA können bereits ganze Universitätsausbildungen per Internet durchgeführt werden. Durch die globale Vernetzung besteht grundsätzlich die Möglichkeit, an solchen Kursen im Ausland teilzunehmen. Natürlich müssen die entsprechenden Sprachkenntnisse und gegebenenfalls weiteren Vorkenntnisse vorhanden sein.

Auch im deutschsprachigen Raum hat sich auf diesem Sektor in letzter Zeit sehr viel getan. Von öffentlichen und privaten Anbietern werden zahlreiche Kurse und Lernprogramme angeboten. Ein Schwerpunkt liegt in der beruflichen Aus- und Weiterbildung. Da die Kurse meist kostenpflichtig sind und die Qualität unterschiedlich, empfiehlt sich vor einer Verpflichtung das Durcharbeiten der angebotenen Probelektionen.

Prüfen Sie das Angebot auf folgende Kriterien:

Die Qualität der Lernprogramme ist unterschiedlich

- ❖ Multimediale Ausstattung der Kurse, soweit dies zur besseren Darstellung der Sachverhalte angebracht oder zur Verbesserung des Lernklimas notwendig ist. Die Grenze vom sinnvollen Einsatz dieser Mittel bis zur Überladung ist schmal. Der Bildschirmaufbau einer Seite darf nicht wesentlich durch diese Effekte verzögert werden.
- ❖ Kontaktmöglichkeit zu einem Tutor bei Fragen und Problemen.
- ❖ Kontaktmöglichkeit zu anderen Kursteilnehmenden zum Austausch von Meinungen und Fragen.
- ❖ Kontrolle des Gelernten durch Übungen und Aufgaben.
- ❖ Möglichkeit Texte auf den eigenen PC zu laden und dort auszudrucken, um sie dann in Ruhe ohne Computer bearbeiten zu können.
- ❖ Verknüpfung (links) zu anderen angesprochenen Fachbereichen und zu Glossars zur Erläuterung von Fachausdrücken.

Zur weiteren Verbesserung der Interaktivität werden in manchen Kursen auch Computerkonferenzen und Videokonferenzen abgehalten. Bei letzteren muss allerdings der Zugang zu einer (nicht billigen) Videoausstattung vorhanden sein.

Gemeinsames Erarbeiten in Lern- und Arbeitsgruppen

Sind Lerngruppen für Sie geeignet?

- Lernen Sie gerne im Kontakt, im Gespräch mit anderen?
- Wollen Sie möglichst viel selbst einbringen, gestalten, den Kursverlauf mitbestimmen?
- Stehen für Sie psychologische und pädagogische Fragen im Vordergrund?
- Suchen Sie vor allem den Kontakt, Anregung, Austausch mit anderen?
- Wollen Sie persönliche Probleme einbringen, nach Möglichkeiten der Selbsthilfe (beispielsweise bei Erziehungsproblemen, eigenen oder Familienproblemen wie Sucht, Alkohol, Arbeitslosigkeit, Krankheit, Behinderung, Trennung) suchen?
- Wollen Sie sich mit den Meinungen, Erfahrungen, Haltungen von anderen auseinandersetzen und selbst Stellung beziehen?
- Wollen Sie gemeinsam mit anderen und einer Moderatorin oder einem Moderator nach Lösungen für ein Problem suchen, ein Projekt planen, eine Standortbestimmung vornehmen?
- Wollen Sie in einer Bürgerinitiative, einer Aktionsgruppe mitarbeiten?
- Suchen Sie eine Arbeitserleichterung bei der Einarbeitung in sehr große Wissensgebiete, eine Arbeitsteilung bei umfangreichen Informationsbedürfnissen?

Welche Schwierigkeiten treten auf?

- Die Beteiligung ist oft sehr ungleich: Während einzelne Teilnehmende sich immer wieder melden und den Verlauf weitgehend bestimmen, schweigen andere.
- Das Gruppengefühl und das Bedürfnis nach Übereinstimmung mit den anderen ist oft wichtiger als das eigene Gefühl und die eigene Einsicht.
- Die Gespräche sind oft zu wenig geplant und vorbereitet, die Ziele sind unklar, die unausgesprochenen Erwartungen unterschiedlich, der Verlauf deshalb unbefriedigend.
- Auch in Lern- und Arbeitsgruppen können Konflikte und Spannungen auftreten; werden sie nicht ausgesprochen, blockieren sie ein Vorankommen, verhindern sachliche Auseinandersetzungen.

In einer Gesprächsgruppe müssen wir uns stärker exponieren als in einem Vortragskurs, unsere Gefühle preisgeben, wir können nicht in einer beobachtenden, passiven Rolle verharren. Dies ist emotionaler und belastender.

Vorgehen

Bei der Auseinandersetzung mit Spannungen und Konflikten, die sich bei der Arbeit oder in der Familie, im Zusammenleben mit anderen Menschen ergeben, helfen theoretische Kenntnisse oft wenig. Wir müssen lernen, unsere eigenen Gefühle und diejenigen der anderen wahrzunehmen, auch die negativen, Ängste, Trauer, Unsicherheit, Wut und Enttäuschung ernst zu nehmen und einzubeziehen. In offenen Gesprächen in einer vertrauensvollen Atmosphäre kann dies am ehesten erfolgen.

Auch eine gezielte, bewusste Informationssuche ist sehr zeitaufwendig. Wer sie für sich allein betreibt, kann sich entweder nur mit ganz wenigen Fragen befassen oder muss an der Oberfläche bleiben. Wesentlich bessere Voraussetzungen bestehen bei einer gut organisierten Zusammenarbeit.

Frau Moser fühlt sich von ihrem Haushalt und den zwei kleinen Kindern völlig überfordert. Die Kinder beanspruchen sie den ganzen Tag, wachen auch nachts häufig auf. Für sie selbst bleibt kaum Zeit. Eine Freundin, die sieht, wie deprimiert sie ist, nimmt sie in eine Frauen-Gesprächsgruppe mit. Es tut Frau Moser gut, über ihre Probleme, die Erwartungen, die sie selbst und die Umwelt an die Mütter stellen, zu sprechen. Die Gespräche lassen sie erkennen, dass sie zu viel von sich erwartet, dass das Ideal der vollkommenen, ausgeglichenen selbstlosen Mutter nicht erreichbar ist.

Nach Umstrukturierungen und größerem Personalwechsel kommt es in der Verwaltungsabteilung einer Firma zu Spannungen, die nicht nur Auswirkungen auf die Zufriedenheit der Mitarbeiterinnen und Mitarbeiter, sondern auch auf die Leistungen haben. Unter Leitung eines hinzugezogenen Moderators setzen sich die Beteiligten in mehreren Treffen gemeinsam mit den Ursachen auseinander, diskutieren Lösungen und kommen schließlich zu einer Reihe von konkreten Vorschlägen, die sie der Firmenleitung unterbreiten.

Es gibt verschiedene Arten von Lern- und Arbeitsgruppen:

- Auf Eigeninitiative beruhende, selbstorganisierte Gruppen,
- geleitete Selbsterfahrungsgruppen,
- Arbeitsgruppen zur Lösung bestimmter Probleme mit externer Moderation,
- Lerngruppen in Verbindung mit anderen Lernformen u.a.

Zwischen der bereits erwähnten Lernart »Kursbesuche« und dem Lernen in Lern- und Arbeitsgruppen sind die Übergänge natürlich fließend. In den meisten Kursen für Erwachsene bilden Diskussionen oder Gruppenarbeiten einen wichtigen Bestandteil. Dies entspricht nicht nur den Bedürfnissen der Teilnehmenden; die Ergebnisse der Lernpsychologie zeigen auch, dass Gruppenarbeiten, in denen Erfahrungen ausgetauscht, Kenntnisse diskutiert, Techniken eingeübt werden, wesentlich zum besseren Lernen beitragen.

Der Unterschied zwischen Kursbesuchen und den hier diskutierten Lerngruppen besteht vor allem darin, dass nicht die Kursleitung bei ihrer Vorbereitung die Ziele setzt, sondern die Teilnehmenden gemeinsam die Struktur erarbeiten, die Informationen suchen. Die Lerngruppen sollen hier verstanden werden als Bemühungen von »Gleichen unter Gleichen« zum gemeinsamen Lernziel zu kommen, wobei sowohl Ideen, Gefühle als auch sachliche Informationen ausgetauscht werden können.

Unabhängig davon, ob es sich um selbstorganisierte oder moderierte und angekündigte Gruppen handelt: Wichtig ist, dass unter den Teilnehmenden Klarheit und Einigkeit über die Zielsetzungen der gemeinsamen Arbeit herrscht:

- Sollen Prüfungen gemeinsam vorbereitet werden?
- Steht der Kontakt, der Gedankenaustausch im Vordergrund?
- Will die Gruppe nach Lösungen für bestimmte gemeinsame Probleme suchen?

Dazu ist auch eine gemeinsame Zeitplanung erforderlich, außerdem Offenheit und klare Spielregeln. Werden diese nicht eingehalten, muss dies ausgesprochen werden können.

Wer die Initiative für eine Selbsthilfegruppe ergreift, kann durch ein Inserat, durch einen Anschlag an einer geeigneten Stelle (»schwarzes

Brett« in der Firma, einer Schule, einem Einkaufszentrum) weitere Interessierte suchen.

Es gibt viele Möglichkeiten, Netzwerke aufzubauen, an Personen mit ähnlichen Interessen oder Problemen zu kommen. Die Bildung von Lerngruppen ist auch über das Internet möglich; es können auf diese Weise sowohl Partner gesucht werden als auch regelmäßige Kontakte mit Personen in größeren Distanzen oder anderen Ländern zum Informationsaustausch und zur gegenseitigen Unterstützung stattfinden.

»Informationsaustauschgruppen« lassen sich oft auch in der Nachbarschaft, im Bekanntenkreis, unter Kollegen bilden. Bei bereits bestehenden Gruppen (Teilnehmende eines Weiterbildungskurses, eines Seminars, Mitglieder einer Bürgerinitiative, politische Gruppierungen) kann das gemeinsame Interesse an einem Thema vorausgesetzt werden.

Um die Vorteile der Zusammenarbeit zu nutzen, ist es wichtig, dass nicht nur eine Person informiert und die anderen aufnehmen. Die Informationsbeschaffung und -verarbeitung wird als gemeinsame Aufgabe gesehen, alle Teilnehmenden setzen sich ein und arbeiten mit.

Auch eine Selbsthilfegruppe kann nicht funktionieren, wenn nur Einzelne sich »preisgeben«, ihre Gefühle zeigen, während andere schweigend zuhören oder nur Ratschläge erteilen.

Organisation der Gruppe

Die Bedingungen, die zu einer guten Zusammenarbeit in Gruppen führen, wurden schon oft untersucht.

Einige Ergebnisse dazu:

❖ Zahl der Teilnehmenden

An einer Zusammenkunft oder nach einem interessanten Vortrag oder Podiumsgespräch über ein umstrittenes Thema ergeben sich oft lebhafte Diskussionen in sehr großen Gruppen. Prüfen wir aber, wer sich an der Diskussion beteiligt, finden wir immer wieder das gleiche Muster: Während sich einzelne Personen immer wieder zu Wort melden, verharren die meisten anderen Anwesenden in der Rolle der Zuhörenden.

Im Allgemeinen lässt sich sagen, dass sich dieses Verhalten bereits bei Gruppen von mehr als acht Personen beobachten lässt. Wird eine Diskussion gewünscht, zu der alle Anwesenden einen Beitrag leisten, empfiehlt sich deshalb eine Gruppengröße zwischen fünf und sieben Personen. Auch in kleineren Gruppen kann sich zwar ein intensives Gespräch entwickeln, doch finden sich weniger Meinungen, Ideen oder auch Kenntnisse. Die Diskussion wird persönlicher (was natürlich auch erwünscht sein kann).

❖ Vorbereitung

Voraussetzungen für eine gute Zusammenarbeit

Eine Diskussion ist dann am ergiebigsten, wenn sich die Teilnehmenden schon vorher mit dem Thema auseinandergesetzt haben und vorbereitet sind. Wenn wir uns zu Lern- oder Diskussionsgruppen treffen wollen, planen wir deshalb: Wir überlegen, wie wir uns auf das nächste Treffen einstimmen. Welche Bücher, Artikel sollen gelesen, welche Fragen beantwortet, zu welchen Themen Gedanken, Ideen, Erfahrungen gesammelt werden?

Sollen hauptsächlich Informationen beschafft werden, kann eine Arbeitsteilung erfolgen, indem alle unterschiedliche Schwerpunkte übernehmen oder andere Quellen überprüfen. Geht es um persönliche Konflikte, werden sich alle mit den gleichen Fragen auseinandersetzen.

Bei beiden Formen ergibt sich ein Wechsel zwischen Einzel- und Gruppenarbeit: alle suchen individuell Informationen, lesen Unterlagen, machen sich Notizen, überlegen Fragen, Anregungen, Probleme, die sie der Gruppe vorlegen wollen. Nur wenn sich alle Teilnehmenden gleichermaßen an diese Abmachungen halten, ihre Überlegungen und Vorbereitungen einbringen, kann sich eine fruchtbare Arbeit ergeben.

❖ Die Rolle der Leiterin, des Leiters

Eine echte Diskussion, ein wirklicher Meinungsaustausch kommt nur zustande, wenn alle Teilnehmenden gleichberechtigt sind. Sobald die Gruppe etwas größer ist, empfiehlt es sich dennoch, ein Mitglied mit der Leitung der Diskussion zu beauftragen. Diese Rolle kann abwechslungsweise von allen Teilnehmenden übernommen werden oder von einer Moderatorin oder einem Moderator.

Vor allem in betrieblichen Arbeitsgruppen, die zur Lösung von Problemen eingesetzt werden, erfolgt die Leitung am besten durch eine externe Person, die keinen eigenen Standpunkt einbringt, sondern lediglich die Spielregeln überwacht.

Die leitende Person führt in das Thema ein und erinnert an das Ziel des Zusammentreffens, gibt aber nicht zuerst die eigene Meinung bekannt. Es gibt immer Gruppenmitglieder, die sich leicht und schnell ausdrücken können, und andere, die mehr Zeit brauchen, um ihre Gedanken in Worte zu fassen. In der Regel ist es deshalb sinnvoll, dass sich die Gruppenmitglieder melden und warten, bis sie von der Diskussionsleitung zum Sprechen aufgefordert werden. Das freie Sprechen ermöglicht zwar lebhaftere, spontanere Äußerungen, benachteiligt aber die zurückhaltenden Teilnehmenden.

Die Diskussionsleitung sorgt dafür, dass sachlich und zum vorbereiteten Thema diskutiert wird. Alle müssen die Möglichkeit haben, zu Wort zu kommen, ihre Meinung zu äußern, zu Ende zu sprechen. Natürlich kann auch die Leiterin oder der Leiter mitdiskutieren. Sie sollten sich jedoch bemühen, auch jenen gleichermaßen Gehör zu verschaffen, mit deren Meinung sie nicht übereinstimmen.

Auch die Zeitplanung gehört zur Aufgabe der leitenden Person. Diese achtet darauf, dass nicht zu lange an einem Punkt verharrt oder abgeschweift wird, damit alle wichtigen Tagesordnungspunkte in der vorgesehenen Zeit zur Sprache kommen können.

Als unangenehm empfinden es manche, wenn in einer Diskussion eine Pause eintritt. Ein allgemeines Schweigen belastet viele Menschen. Oft ergeben sich aus der Unterbrechung aber auch zusätzliche Impulse, kommen neue Gedanken ins Spiel. Dauert das Schweigen zu lange, kann sich die Diskussionsleitung einschalten, zusammenfassen, auf noch offene Fragen verweisen, nochmals anders formulieren, was nicht verständlich war, oder den Ball an die Teilnehmenden zurückgeben.

❖ Die Aufgaben der Teilnehmenden

Nicht Einigung und Harmonie wird als Ergebnis der Zusammenarbeit angestrebt, sondern vor allem das Wahrnehmen der verschiedenen Ansichten, Gefühle, Erfahrungen. Die wichtigste Funktion der Gruppe liegt im emotionalen Bereich: Die Teilnehmenden hören zu, akzeptieren einander, unterstützen sich, äußern ihre Gefühle und geben sich so die Möglichkeit, auch über Unsicherheiten und Ängste zu sprechen, ohne negative Folgen befürchten zu müssen.

Ebenso wie in Kursen oder bei der Lektüre ist es auch in Diskussionen wichtig, dass wir kritisch bleiben und zwischen Tatsachen und Meinungen unterscheiden. Wir bemühen uns darzulegen, woher wir eine Information haben, ob es sich um eine Vermutung unsererseits oder um eine gesicherte Erkenntnis handelt. Auch die Beiträge der anderen prüfen wir auf Stichhaltigkeit.

Der Wunsch nach Übereinstimmung kann die Kritikfähigkeit einschränken

Das Bedürfnis, sich mit den anderen Gruppenmitgliedern einig zu wissen, ist sehr groß. Je mehr Menschen in einer Diskussion einander beipflichten, desto schwieriger wird es für den Einzelnen, bei seiner abweichenden Meinung zu bleiben. Oft stimmt er oder sie dann – wider besseres Wissen – zu, um nicht allein zu stehen, oder schweigt. Verschiedene Gründe können dafür verantwortlich sein: Der Wunsch, zur Gruppe zu gehören, die Angst, unangenehm aufzufallen, Zweifel an der eigenen Urteilsfähigkeit. Nur wenn sich alle Teilnehmenden dieser Gefahr bewusst bleiben, sich gegenseitig respektieren, einander Gelegenheit geben, ihre Ansichten zu begründen, wird eine vorschnelle Einigung auf eine letztlich unbefriedigende Lösung vermieden.

In manchen Gruppen stehen die Gefühle der Teilnehmenden im Vordergrund: Wir sprechen über unsere Hoffnungen, über Belastungen und Ängste, über Konflikt zwischen unseren Wünschen und den Erwartungen anderer, über Probleme, die sich im Zusammenleben ergeben, über unsere Empfindungen bei bestimmten Verhaltensweisen anderer, über unsere Betroffenheit über eine Situation, eine Entwicklung.

Aber selbst bei Sachthemen spielen Gefühle eine wichtig Rolle. Kein Mensch reagiert nur mit dem Verstand: Die Sympathie oder die Abneigung, die wir anderen Teilnehmenden entgegenbringen, unser Wunsch, zur Gruppe zu gehören, die Angst, auf Ablehnung zu stoßen, etwas Falsches zu sagen, nicht alles zu verstehen – alle diese Gefühle sind in uns gegenwärtig und beeinflussen unser Verhalten. Wenn wir sie nicht unterdrücken, gelingt es uns eher, zwischen unseren Gedanken zum diskutierten Thema und den Gefühlen, die sich aus der Situation ergeben, zu unterscheiden. »Ihre Behauptung entbehrt jeder Grundlage« kann eine Äußerung lauten, die bei ehrlicher Selbstprüfung vielleicht heißen müsste: »Ich kann Ihnen im Moment nicht zuhören, weil ich mich über Ihre Kritik an meinem vorherigen Vorschlag immer noch ärgere.« Werden solche Gefühle ausgesprochen, haben wir die Möglichkeit, Blockierungen zu lösen und weiterzukommen.

Wichtig ist vor allem, dass wir den Anderen zuhören, im Gespräch auf sie eingehen, prüfen, was sie wirklich sagen wollen – und nicht nur auf eine Gelegenheit warten, unseren eigenen Beitrag zu bringen.

Selbstprüfung

Wie verhalte ich mich in Gruppen?

Kann ich die Diskussionsleitung übernehmen?

Welche Probleme ergeben sich für mich in Gruppen?

Was will ich ändern, wie will ich vorgehen?

Weitere Hinweise für die Arbeit in Lerngruppen bei der Nachbereitung von Kursen und Lektüre finde sich im fünften Kapitel auf Seite 170.

Superlearning

Frau Huber nimmt an einem Englischkurs teil. Das Kurslokal sieht eher wie ein gemütliches Wohnzimmer als wie ein Unterrichtsraum aus. Jede Stunde beginnt mit Entspannungs- und Lockerungsübungen. Zu den Klängen von Barockmusik liest der Kursleiter sodann die englischen Wörter und die deutsche Übersetzung mehrmals vor, während die Teilnehmer in bequemen Sesseln sitzend entspannt zuhören. In Rollenspielen und Dialogen werden die neuen Wörter anschließend eingeübt. Frau Huber genießt diese spielerische Form und freut sich über ihre guten Lernerfolge. Da sie eine Abneigung gegen den Umgang mit Computern hat, sich aber darauf umstellen muss, meldet sie sich gleich noch zu einem »suggestopädischen Informatikkurs« an.

Ist Superlearning für Sie geeignet?

- Wollen Sie Inhalte aufnehmen, die unkritisch gelernt werden können (vor allem Fremdsprachen)?
- Haben Sie schlechte Lernerfahrungen gemacht und eine Abneigung gegen schulisches Lernen?
- Wollen Sie Gefühlsblockaden abbauen?

Welche Schwierigkeiten treten auf?

- Die Vermittlung neuer Inhalte wird in der Suggestopädie und beim Superlearning vollständig geleitet. Die Lernenden eignen sich den vorgegebenen Wissensstoff wohl leichter an, haben aber keine Möglichkeit, auszuwählen oder Kritik zu üben. Damit eignet sich diese Methode vor allem für Inhalte, die als gegeben akzeptiert werden können, wie beispielsweise die Wörter einer Fremdsprache. Lernen ist aber mehr, es schließt auch die eigene Auseinandersetzung, das kritische Überprüfen des Stoffes mit ein. Problematisch wird die Suggestopädie dann, wenn auch Einstellungen, Zusammenhänge, Schlussfolgerungen damit weitergegeben werden.
- Es bestehen große individuelle Unterschiede. Die Methode liegt nicht jedem.

Vorgehen

Manche Sprachschulen bieten ihre Fremdsprachenkurse nach den Methoden der Suggestopädie oder des Superlearnings an: Sie sind gekennzeichnet durch eine angenehme und entspannte Atmosphäre, Begleitung mit klassischer (vor allem Barock-)Musik und speziellen Atemtechniken; den Lernenden wird versichert, dass sie die gestellten Aufgaben mühelos bewältigen können.

Der bulgarische Psychiater G. Lozanov, der Begründer der Suggestopädie, wie auch seine Nachahmer und Vertreter des Superlearning betonen, dass die Lernenden mit diesen Methoden 1.000 neue Vokabeln pro Tag aufnehmen und behalten können. Untersuchungen zeigen, dass mit diesen Methoden tatsächlich etwas mehr fremdsprachliche Wörter gelernt werden als im traditionellen Fremdsprachenunterricht. Die Unterschiede sind jedoch bei weitem nicht so groß, wie behauptet wird. Wird nicht regelmäßig wiederholt, ist die Vergessensrate gleich hoch wie bei anderen Vorgehensweisen.

Günstige Wirkungen zeigen vor allem die folgenden Elemente:

- Es werden fremdsprachliche Lieder und spielerische Hilfsmittel wie zeichnerische Darstellungen oder Karten einbezogen.
- Es erfolgt ein ständiger Wechsel zwischen einem aktiven, anregenden und einem entspannten Aufmerksamkeitszustand.
- Wichtige Regeln stehen auf Wandtafeln.
- Durch Rollenspiele, Partner- und Gruppenarbeiten werden die Lerninhalte mit Bewegungen, Gesten und Gesichtsausdrücken verbunden.

Alle diese Elemente können auch im normalen Sprachunterricht zur Anwendung kommen. Die Suggestopädie hat somit bewährte Vorgehensweisen zusammengefasst. Gute Erfahrungen werden vor allem im mündlichen Bereich gemacht. Grammatik und schriftliche Ausdrucksfähigkeit kommen dagegen zu kurz.

Zu empfehlen sind die Methoden zur Förderung des Selbstvertrauens, beispielsweise als Vorbereitung für einen Ferienaufenthalt in einer anderen Sprachregion.

Nicht nur in Kursen lassen sich Fremdsprachenkenntnisse mit Superlearning erwerben. Angeboten werden auch Kassetten und die dazugehörigen Entspannungsgeräte. Die Erfolge können ebenfalls gut sein – wenn uns diese Lernmethode liegt und wir durchhalten. Entsprechende Beobachtungen zeigen, dass viele Käufer die Kurse nicht wirklich durcharbeiten. Häufigster Grund für den Abbruch ist der recht beträchtliche Zeitaufwand und vor allem, dass das Alleinlernen den Betreffenden keinen Spaß macht.

Beobachtungen, Abklärungen, Experimente

Den Anwohnern eines Flüsschens fallen immer wieder Wasserverschmutzungen auf. Oft treiben auch tote Fische vorbei. Die Nachbarn beschließen, den Ursachen nachzugehen. Eine Fabrik, die flussaufwärts steht, bestreitet auf Anfrage, mit der Verschmutzung zu tun zu haben. Erst Wasserproben, die die Anwohner unter- und oberhalb des Geländes durchführen, belegen, dass die Schadstoffe aus der Fabrik stammen.
Frau Roth trifft sich regelmäßig mit einer Gruppe von Frauen, um sich über gesunde und schadstoffarme Lebensmittel zu informieren. Als im Fernsehen berichtet wird, dass manche Produzenten Gemüse oder Gewürze radioaktiv bestrahlen, trägt sie diese Nachricht beunruhigt über die damit möglicherweise verbundenen Gefahren an die anderen weiter. Die Gruppe will genauere Informationen beschaffen. Während eine Teilnehmerin in der Bibliothek nach Literatur sucht, wendet sich Frau Roth an den Wissenschaftsladen in Bonn. Nach einiger Zeit erhält sie einige Literaturangaben, eine ausführliche Zusammenfassung der Forschungsergebnisse über den Einfluss der Bestrahlung auf die Qualität der Lebensmittel (Zerstörung von wichtigen Vitaminen) sowie den Hinweis, dass die Bestrahlung wie auch die Einfuhr bestrahlter Lebensmittel in der Bundesrepublik untersagt sei.

Sind eigene Untersuchungen für Sie geeignet?

- Gehen Sie den Dingen gerne auf den Grund?
- Geben Sie sich nicht mit oberflächlichen Begründungen und Auskünften zufrieden?
- Sind Sie experimentierfreudig?
- Haben Sie Spaß an Naturwissenschaften?
- Sind Sie in einer Gruppe oder Selbsthilfeorganisation, die sich beispielsweise für die Natur, die Umwelt einsetzt und Messungen, Beobachtungen, Analysen durchführen will?

- Müssen Sie eine Abschlussarbeit, Semesterarbeit erstellen oder einen Vortrag halten?
- Hat Ihre Literatursuche keine Antwort erbracht?

Welche Schwierigkeiten treten auf?

- Die meisten Untersuchungen sind sehr aufwendig. Know-how und Geräte sind nicht einfach zu beschaffen. In der Regel sind Fachleute, Institute, die über die entsprechenden Ausrüstungen verfügen, erforderlich.
- Bevor wir unsere Untersuchung planen, müssen wir erst prüfen, ob nicht bereits zuverlässige Ergebnisse vorliegen. Es kann bei dieser Lernform ja nicht darum gehen, das Rad neu zu erfinden.

Vorgehen

Wenn wir nicht an einem Forschungsinstitut arbeiten, wird die Aufgabe, eigene Untersuchungen durchzuführen, vor allem während der Ausbildung (Semester-, Abschlussarbeiten) an uns herangetragen. Aber auch aus Problemen des Alltags können sich Fragestellungen ergeben, die wir näher abgeklärt haben möchten:

- Wie stark ist die Luftverschmutzung in unserem Wohnviertel?
- Ist das Gemüse aus unserem Garten noch genießbar?
- Warum leiden wir seit dem Umzug so häufig an Kopfschmerzen?

Am ehesten durchführbar sind Befragungen, Interviews (beispielsweise über bestimmte Anliegen eines Quartiers, Meinungen zu geplanten Maßnahmen, Initiativen).

Im Rahmen einer Ausbildung werden Untersuchungen von Experten betreut. Wollen wir sonst an Fachleute gelangen, wenden wir uns bei der Suche nach Sponsoren oder nach Ratgebern beispielsweise an Hochschulinstitute, an Autoren von Artikeln, die sich mit dem Thema befassen, an Verbraucherorganisationen oder an Wissenschaftsläden. Erklärtes Ziel aller Wissenschaftsläden ist die kostenlose Vermittlung wissenschaftlicher Ergebnisse an Personen oder Gruppen, die nicht in der Lage sind, wissenschaftliche Untersuchungen durchzuführen. Es sind vor allem Fragen aus dem naturwissenschaftlichen Bereich, die an die Wissenschaftsläden herangetragen werden (Welche Wirkungen hat dieses Holzschutzmittel? Wie hoch ist der Nitratgehalt in unserem Gartenteich?), doch kommen auch juristische oder sozialwissenschaftliche Probleme vor. Die Hilfe des Wissenschaftsladens kann in der Auswertung von Literatur bestehen, in der Einrichtung einer Arbeitsgruppe zur Untersuchung des Problems, in der Vermittlung von Sachverständigen oder in der Anleitung zur Selbsthilfe (Wie können Schadstoffbelastungen selbst gemessen werden?).

Fernsehen

Ist das Fernsehen für Ihre Weiterbildung geeignet?

- Lernen Sie vorwiegend mit den Augen?
- Sind Sie an Themen interessiert, die in Dokumentarsendungen, wissenschaftlichen und politischen Berichten aus aller Welt, Hintergrundsendungen beleuchtet werden?

Welche Schwierigkeiten treten auf?

Untersuchungen zeigen, dass die meisten Zuschauerinnen und Zuschauer von den Informationssendungen auch dann wenig aufnehmen und behalten, wenn sie sie selbst als gut verständlich einstufen. Dies hat mehrere Ursachen:

- Das Fernsehen sendet gleichzeitig Bild und Ton, wobei der Ton das Bild nicht immer ergänzt oder unterstützt. Die Bilder beanspruchen unsere Aufmerksamkeit, der Text, vor allem wenn er schwierig ist, wird nur noch als ein »Plätschern« wahrgenommen. Auch wenn der Sprecher oder die Sprecherin gezeigt werden, beachten wir oft eher die Frisur, die Bekleidung, die Mimik als die Aussage.
- Setzen wir uns vor den Bildschirm, stellen wir uns – bewusst oder unbewusst – auf Unterhaltung ein. Wir erwarten Abwechslung, Spannung oder Belanglosigkeit und haben deshalb oft Mühe, uns auf anspruchsvolle Inhalte zu konzentrieren.
- Die verbreiteten Fernsehgewohnheiten widersprechen den Lerngesetzen; diese zeigen, dass zu einer intensiven Auseinandersetzung und damit zum längerfristigen Lernen nicht nur die Aufnahme, sondern auch die Vorbereitung und die Nachbereitung gehören. Die meisten

Zuschauerinnen und Zuschauer gehen aber nach Abschluss einer Sendung gleich zur nächsten über. Die neuen Inhalte verdrängen die vorangehenden, bevor sie sicher gespeichert sind.

- Fernsehbilder können immer nur einen Ausschnitt zeigen. Wir wissen nicht, ob es sich dabei um einen Einzelfall oder ein typisches Beispiel handelt. Oft kommentiert zwar ein Sprecher die bewegten Bilder, erläutert die Hintergründe und Zusammenhänge. Wir können uns jedoch nicht auf zwei Informationsquellen gleichzeitig konzentrieren.

Herr Weber will seine Englischkenntnisse verbessern. Er macht einen Telekurs mit, notiert sich dabei laufend die Schwierigkeiten und offenen Fragen, die er hat, um sie nach der Sendung im Begleitbuch nachzuschlagen. Um seinen Wortschatz und sein Sprachverständnis zu verbessern, schaut er sich öfter Spielfilme und Unterhaltungsprogramme auf dem englischen Sender an.

Das Fernsehen ist für die meisten Erwachsenen unserer Zeit die wichtigste Informationsquelle. Sie verbringen weit mehr Zeit vor dem Fernseher als bei der Lektüre von Zeitungen, Zeitschriften oder Büchern. In der Regel steht jedoch die Unterhaltung und nicht das Lernen im Vordergrund. Für viele aktuelle Gebiete, mit denen wir uns für unsere Weiterbildung befassen (Politik, Erdkunde, Geschichte, Kultur, Naturwissenschaften) können wir aus Fernsehreportagen jedoch zusätzliche Informationen, Bilder, Hintergrundberichte gewinnen, Zusammenhänge erkennen.

In den USA haben Bildungsprogramme im Fernsehen für Erwachsene einen hohen Stellenwert. Über Kabelfernsehen werden etwa 15 Prozent der amerikanischen Haushalte erreicht. Es werden sowohl allgemeine Weiterbildungsprogramme als auch »credit-courses« (Kurse, die für Universitätsstudien angerechnet werden) ausgestrahlt und rege genutzt.

Vorgehen

Auch beim Fernsehen gelten die gleichen Lerngesetze wie bei anderen Lernformen. Wollen wir uns wirklich mit den Inhalten auseinandersetzen, die Informationen in unsere Weiterbildung einbeziehen, müssen wir diese Lerngesetze beachten und entsprechen handeln:

- Wir prüfen zu Beginn der Woche, welche Sendungen uns wichtige Informationen versprechen, und halten uns die entsprechenden Zeiten frei.
- Wir bereiten uns auf die Sendungen vor, indem wir uns vorher schon mit dem Thema befassen, zum Beispiel im Lexikon die angekündigten Bereiche nachschlagen, Fremdwörter prüfen oder einschlägige Zeitungsartikel, Kursunterlagen und Buchkapitel nochmals durchlesen.
- Wir halten Notizpapier und Schreibzeug bereit, um Informationen, die uns besonders wichtig oder neu erscheinen, zu notieren, ebenso Fragen, denen wir nachgehen wollen, Literaturhinweise oder Adressen, wo Unterlagen angefordert werden können.
- Wir schalten nach Schluss der Informationssendung ab und setzen uns nochmals mit dem Inhalt auseinander. Offene Fragen ergänzen wir durch gezielte Lektüre.

Untersuchungen zeigen, dass sich Fernsehsendungen vor allem als Illustrationen, Zusatzinformationen, zur Auffrischung, in Verbindung mit Lektüren, Kursen, Diskussionen eignen. Am meisten behalten wird, wenn sie durch Zeitungslektüre, Artikel ergänzt werden.

Frage

Welche Fernsehsendungen können meine Lernbemühungen unterstützen?

Wie will ich mich darauf vorbereiten?

Kombinationen

Wie sich aus den obigen Kapiteln ergibt, haben alle Formen der Informationsvermittlung sowohl Vor- als auch Nachteile. Manche sind für bestimmte Zielsetzungen besonders geeignet, für andere völlig unangebracht. In der Regel ist es deshalb sinnvoll, sowohl bei der Aufnahme als auch bei der weiteren Verarbeitung mehrere Formen zu kombinieren:

»1. Ich höre etwas Neues und ahne ungefähr, worum es geht.
2. Ich lese etwas Ergänzendes darüber und sehe schon klarer.
3. Ich spreche mit anderen darüber, es bleiben nur noch drei unklare Punkte.
4. Ich konstruiere ein zeichnerisches Erklärungsmodell und erläutere es anderen Teilnehmern. Jetzt ist mir der Sachverhalt klar.
5. Ich realisiere ein kleines Rollenspiel und übe den Sachverhalt praktisch ein. Nun kann ich bereits ansatzweise richtig handeln.«

(Döring 1995, Seite 39)

Je nach Lerntyp, Ziel und Inhalt sind natürlich andere Kombinationen sinnvoll.

Einige Beispiele:

- Ein Vortrag wird durch eine Gruppenarbeit ergänzt.
- Die Teilnehmenden eines Fernkurses bilden eine Lerngruppe und treffen sich regelmäßig.
- Eine Fernsehsendung gibt den Anstoß zur weiteren Beschäftigung mit einem bestimmten Thema und führt zu intensiver ergänzender Lektüre.
- Nach Abschluss eines Kurses werden eigene Beobachtungen durchgeführt.

Persönliche Schlussfolgerungen

Lernart	Einschätzung		
	entspricht mir sehr	teilweise geeignet	für mich ungeeignet
Informationssuche in Bibliotheken			
Lesen			
Kursbesuche			
Fernkurse			
Lernen mit Computer			
Lerngruppen			
Superlearning			
Eigene Experimente			
Fernsehen			

Planung: Wie will ich vorgehen?		
Lernziel	Lernart	Termine

5. Verarbeiten, vergleichen, kritisch prüfen: Die Eindrücke werden verarbeitet

Mit dem Aufnehmen neuer Informationen, der Rückkehr von unserer Expedition, ist der Lernprozess nicht abgeschlossen. Wir wollen die Beobachtungen auswerten, die neuen Informationen in einen Zusammenhang bringen. Die kritische Prüfung ist angesichts der Vielzahl der sich heute bietenden Möglichkeiten, an Informationen zu kommen, so wichtig wie noch nie: Die Distanz zu den Quellen ist größer geworden, die Informationen erreichen uns über immer mehr Zwischenträger, die – wie das Beispiel Internet zeigt – selbst keiner Kontrolle unterliegen und die wir auch nicht zurückverfolgen können. Damit steigt die Gefahr, dass unqualifizierte Meinungen und Falschmeldungen immer weiter verbreitet werden, dass jeder sich aus der Flut gerade das herausliest, was zu seinem Weltbild passt. Der fünfte Lernschritt besteht darin, die neuen Informationen zu prüfen, in Beziehung zum bisherigen Wissen und zu anderen Quellen zu setzen, zurückzufragen, zu gliedern, zusammenzufassen und nach Anwendungen zu suchen.

Wichtig ist deshalb der Einbau von Kontrollstrategien: Wir wollen einerseits prüfen, ob wir das Gelesene oder Gehörte verstanden haben, andererseits, ob wir damit einverstanden sind, ob es mit anderen Informationen übereinstimmt.

Zwischenfrage:
Über welche Kenntnisse, die Sie in der Schule erworben haben, verfügen Sie noch? Sind Ihnen die Fremdsprachen, die mathematischen Formeln und die geschichtlichen Daten noch gegenwärtig?

Sicher ist dies nur dann der Fall, wenn Sie sie seither aufgefrischt haben, wenn Sie die Möglichkeit hatten, diese Kenntnisse anzuwenden!

Wenn Sie heute neues Wissen erwerben, gibt es dafür bestimmte Anwendungsmöglichkeiten. Vielleicht werden Sie von den Erfordernissen des Alltags ständig darauf gestoßen. Aber auch wenn dies nicht der Fall ist, können Sie diese suchen. Setzen Sie Ihre »Neuerwerbungen« zu früher Gelerntem in Beziehung – Sie frischen dabei die bisherigen Kenntnisse auf und verknüpfen sie mit den neuen.

Haben wir Grundlagenwissen erworben, müssen wir noch dafür sorgen, dass wir alles verstanden und richtig geordnet haben. Wir kommen dazu auf die vorbereitenden Fragen zurück, vergleichen den neuen Stoff mit früheren Kenntnissen, bemühen uns, die Zusammenhänge herzustellen, zu gliedern, systematisch darzustellen. Um Einzelheiten nicht gleich wieder zu vergessen, frischen wir sie in regelmäßigen Abständen wieder auf.

Kritische Prüfung

Die Nachbereitung besteht nicht nur im Verstehen und Ordnen, sondern auch im kritischen Prüfen, Abwägen, Entscheiden, welche Informationen übernommen, welche noch ergänzt, welche als falsch zurückgewiesen werden sollen.

Erwachsene verfügen bereits über Erfahrungen und Grundlagenkenntnisse, die es ihnen ermöglichen, neue Informationen einzuschätzen und richtig einzuordnen. Diese Überprüfung, Anwendung, Gewichtung fällt dennoch vielen schwer, weil es für sie ungewohnt ist, in der früheren Ausbildung nie geübt wurde.

In vielen Bereichen gibt es nicht einfach ein Falsch oder Richtig, sondern verschiedene Vermutungen und Theorien. Für Lernende ist es oft schwierig zu unterscheiden, ob die Ausführungen, die ein Dozent mit großem Nachdruck vertritt, nur dessen Lieblingstheorie oder gesichertes Wissen darstellen. Das Gleiche gilt natürlich auch für Texte in Büchern oder Fachzeitschriften und für Fernsehsendungen: Die Lernenden treffen auf verschiedene Erklärungsversuche zu bestimmten Erscheinungen und fühlen sich hilflos, weil sie nicht gewohnt sind, Stellung zu beziehen. Wer Lernen vor allem als Übernehmen oder Auswendiglernen von vorgegebenen Inhalten versteht, kann nicht entscheiden, wie widersprüchliche Informationen zu gewichten sind.

Hilfreiche Fragen in dieser Situation sind beispielsweise:

- Habe ich genügend Informationen?
- Wie verlässlich sind sie?

- In welcher Beziehung steht diese Information zu meinem bisherigen Wissen, zu anderen Quellen, aber auch zu meiner Fragestellung?
- Will ich sie anwenden, weiterentwickeln, ergänzen?
- Auf welcher Grundlage habe ich diese Entscheidung getroffen?

Die kritische Prüfung von Zeitungs- und Zeitschriftenartikeln, von Radio- und Fernsehreportagen, wie auch von Büchern schließt folgende Fragen ein:

- Haben die Berichterstattenden den Sachverhalt selbst gesehen, untersucht, erlebt?

Wenn ja:

- Reicht die Beobachtungszeit oder -methode aus, um zu den gemachten Schlussfolgerungen zu kommen?
- Haben sie sich ein umfassendes Bild machen können oder haben sie nur einen Teilaspekt gesehen?
- Ist das Experiment wiederholbar, sind die Aussagen nachprüfbar, sind alle wichtigen Einflussgrößen genannt und berücksichtigt worden?
- Welche und wie viele Gruppen sind untersucht oder beobachtet worden? Lassen sich von diesen Rückschlüsse auf andere ziehen oder sind die Aussagen nicht zu verallgemeinern?
- Haben die Berichtenden alle wichtigen Faktoren berücksichtigt oder wesentliche außer Acht gelassen?

Wenn nein:

- Geben sie die Quellen an, die sie benutzt haben?
- Wie intensiv haben sie sich mit dem Thema auseinandergesetzt, wie kompetent sind sie?
- Sind sie auf einen Teilbereich spezialisiert oder überblicken sie das ganze beschriebene Gebiet?
- Welche Einstellungen, Motive lassen sie erkennen? Wollen sie möglichst objektiv informieren oder bestimmte Wirkungen erzielen?
- Denken sie einseitig, eindimensional, haben sie den beschriebenen Sachverhalt aus dem Zusammenhang gerissen oder berücksichtigen sie das Zusammenwirken aller wichtigen Größen, die Auswirkungen auf das gesamte System?

Ergebnisse zu diesen Überlegungen, Antworten auf diese Fragen können wir sicher nur teilweise selbst finden. Wichtig ist, dass wir sie nicht einfach unter den Tisch fallen lassen, sondern notieren und nach Möglichkeiten suchen, zu weiteren Informationen zu kommen.

Der fünfte Lernschritt muss oft mehrfach wiederholt werden, weil sich immer wieder neue Fragen oder Widersprüche ergeben.

Übung

Fassen Sie einen Artikel, eine Fernsehsendung, einen Vortrag zusammen: Welches war die wichtigste Aussage? Ist sie fundiert? Welche Beziehungen bestehen zu Ihren eigenen Erfahrungen? Welche Widersprüche haben Sie festgestellt? Mit welchen Schlussfolgerungen sind Sie einverstanden? Vor welchem Hintergrund sind sie zu verstehen? Welche sind unklar? Über welche Informationen müssten Sie noch verfügen, um die Ausführungen beurteilen zu können?

Übertragen Sie diese Beurteilungskriterien auch auf dieses Buch.

Überarbeiten der Notizen

Notizen, die in Kursen, bei Diskussionen oder Fernsehsendungen gemacht wurden, sollten möglichst bald durchgesehen werden. Zunächst prüfen wir, ob die Sätze verständlich, der Ablauf logisch, die Gliederung sinnvoll sind, und bringen gegebenenfalls Ergänzungen oder Korrekturen an.

Wurden die Blätter in der auf Seite 135 vorgeschlagenen Weise dreigeteilt, können jetzt in Kolonne B die Schlagwörter angebracht werden, um eine bessere Übersicht zu erhalten. Die Schlagwörter sollen möglichst genau auf den Inhalt des jeweiligen Abschnittes verweisen; sie helfen uns erstens, den Aufbau deutlicher zu erkennen, zweitens, beim späteren Durchblättern und bei der Prüfungsvorbereitung schnell zu den Informationen zu kommen (vgl. Beispiel Seite 136).

Unverständliche Fremdwörter und Fachausdrücke werden nachgeschlagen, die Definitionen in Feld C eingetragen. Hier werden auch offene Fragen und Verweise auf andere Quellen notiert. Stellen wir fest, dass die Reihenfolge unlogisch ist, manche Sätze umformuliert oder viele Ergänzungen angebracht werden müssen, werden wir uns dazu entschließen, die Seiten neu zu schreiben. Dies gilt natürlich vor allem dann, wenn wir auf die Notizen später immer wieder zurückgreifen oder sie bei der Vorbereitung auf eine Prüfung benutzen wollen. Wir überlegen uns den besten Aufbau, gliedern mit Untertiteln und Schlagworten und bringen das Ganze in eine übersichtliche Form. Diese Arbeit trägt wesentlich zum Verständnis und zum langfristigen Behalten bei.

Eine gute Möglichkeit der Nachbereitung und der Verständniskontrolle stellen auch Mind Maps (vgl. Seite 138) dar.

Verarbeiten in Lerngruppen

Die Verarbeitung und Sicherung von neuem Lernstoff kann natürlich auf verschiedene Weise erfolgen. Sicher ist, dass bei diesem Lernschritt die Vorteile der Zusammenarbeit, des Austausches mit anderen am deutlichsten sind.

Wie haben Sie die Fragen 42–46 des Lernstilfragebogens (Seite 63) beantwortet? Die meisten Erwachsenen erklären, dass ihnen das Lernen in

Gruppen mehr Spaß bereitet als das Lernen allein und dass sie besonders guten Erfolg haben, wenn sie den Stoff mit andern diskutieren, austauschen, sich gegenseitig erklären.

Herr Weber hat mehrere Bekannte und Kollegen mit ähnlichen Weiterbildungsinteressen. Einzelne arbeiten mit Fachbüchern, andere besuchen Kurse. Daneben haben sie sich zu einer Lerngruppe zusammengeschlossen und regelmäßige Treffen vereinbart. Jede Zusammenkunft ist der Diskussion einer bestimmten Frage, eines Themas gewidmet. Vorher wird abgesprochen, wer sich dazu welche Informationen aus welchen Quellen beschafft, welche Unterlagen vorher durchgearbeitet werden. In der Gruppe werden die verschiedenen Informationen einander gegenübergestellt, diskutiert, kritisch geprüft.

In der Lerngruppe, zu der Herr Zoller gehört, stehen die Begleitprobleme im Vordergrund: Die Teilnehmenden sprechen sich über die Schwierigkeiten aus, die sich aus der Mehrfachbelastung ergeben, über ihre Unsicherheiten im Auftreten, überlegen sich, welche Lerntechniken ihnen weiterhelfen können.

Lerngruppen haben viele Vorteile, sowohl für Erwachsene, die Kurse besuchen, als auch für jene, die sich überwiegend durch Fachbücher und Fernkurse vorbereiten.

- In einer Gruppe ist der Kreis von Ideen größer, es kann aus einer Vielfalt von Möglichkeiten eine Auswahl getroffen werden.
- Die Diskussion in einer Gruppe bringt Klarheit, weil jeder sich genauer ausdrücken und sorgfältiger formulieren muss, als wenn er mit seinen Gedanken allein ist. Wenn wir den andern klarmachen müssen, was wir meinen, kommen wir mit unbestimmten Ideen und Vorstellungen nicht durch.
- Gerade beim Vergleichen und kritisch Prüfen haben Lerngruppen entscheidende Vorteile, weil sie mehr Gesichtspunkte ins Spiel bringen und alle sich auch mit den Sichtweisen der anderen auseinandersetzen müssen.
- Einzelne verrennen sich leicht in eine Sackgasse, suchen eine Lösung nur in einer bestimmten Richtung und können auch nahe liegende andere Möglichkeiten übersehen. Die Gruppe kann hier einen Ausgleich schaffen, weil die Äußerungen der anderen vom Einzelnen kritischer überprüft werden als die eigenen.

- ❖ Lerngruppen wirken sich positiv auf die Motivation aus, entsprechen unserem Bedürfnis nach Geselligkeit, erleichtern uns das Durchhalten.
- ❖ Regelmäßige Zusammenkünfte in Lerngruppen helfen bei der Zeitplanung und setzen uns Etappenziele.
- ❖ Lerngruppen ermöglichen mehr eigene Aktivität. Die Teilnehmenden selbst sind es, die planen, die Fragen stellen und die Antworten geben.
- ❖ Die Gruppe gibt uns ein Feedback. Gemeinsam können wir überprüfen, ob die anvisierten Ziele erreicht sind, wir können Informationen austauschen, Fragen klären.
- ❖ Das Vorgehen, die Aufgabenteilung ist bei der gemeinsamen Verarbeitung ähnlich wie bei der Aufnahme in Lerngruppen.

6. Speichern und ordnen: Die Ergebnisse werden eingeordnet und interpretiert

Der Schreibtisch von Herrn Schmidt dient vor allem als Stapelplatz. Die Berge von Unterlagen lassen keinen Platz mehr frei, an dem sich schreiben ließe. Um nicht immer umständliche »Umschichtungsaktionen« vornehmen zu müssen, hat sich Herr Schmidt angewöhnt, an einem kleinen Besprechungstischchen zu schreiben.

Frau Huber liest regelmäßig zwei Tageszeitungen, eine Wochenzeitung, mehrere Fachzeitschriften, eigene sowie aus der Bibliothek ausgeliehene Fachbücher. Nicht immer kommt sie jedoch dazu, alle Unterlagen wirklich zu prüfen. Sie schneidet manche Artikel aus, auf die sie später zurückgreifen will, sie sammelt Zeitungen und Zeitschriften, die sie noch nicht gelesen hat, sie bemüht sich, die ausgeliehenen Bücher rechtzeitig zurückzubringen. Immer häufiger kommt es jedoch vor, dass sie zwar weiß, dass sie zu einer Frage Informationen gelesen oder gesammelt hat – nur kann sie die entsprechenden Unterlagen nicht mehr finden.

Wenn Erwachsene sich an bestimmte Informationen nicht mehr erinnern können, klagen sie meist über ihr schlechtes Gedächtnis. Entscheidend ist jedoch nicht, dass wir alles im Kopf speichern können, sondern dass wir über ein sinnvolles Ordnungssystem verfügen, das uns einen Überblick über die gesammelten Informationen und einen schnellen Zugriff ermöglicht. Auch hier erfordern die unterschiedlichen Zielsetzungen entsprechende Vorgehensweisen und Materialien. Kein vernünftiger Mensch zweifelt daran, dass Ordnung Zeit und Nerven spart.

Wie sieht es bei Ihnen aus?

	Ja	Nein
Kommt es oft vor, dass Sie zwar genau wissen, dass Sie einen Zeitungsausschnitt, eine Akte oder eine Notiz bereitgelegt haben, diese aber nicht mehr wieder finden?		
Begegnen Sie öfter beim Aufräumen Unterlagen, die Sie längst verloren glaubten oder vergessen haben?		
Weichen Sie zum Schreiben meist auf andere Tische aus, weil Ihr Schreibtisch keinen Platz zum Arbeiten mehr bietet?		
Geschieht es öfter, dass Sie nicht mehr feststellen können, aus welcher Quelle eine bestimmte Information stammt?		

Wenn Sie eine oder mehrere dieser Fragen mit »ja« beantwortet haben, ist Ihnen vermutlich auch klar, dass Ihr Ordnungssystem Ihren Bedürfnissen nicht entspricht und Ihre »schöpferische Unordnung« Sie viel Zeit kostet.

Nun lassen sich zwar unordentliche Leute nicht mit einigen Ratschlägen in ordentliche verwandeln – doch sind Sie vielleicht daran interessiert, Ihr System einmal zu überdenken. Bei den nachfolgenden Hinweisen geht es nicht um Ordnung als Selbstzweck. Ziel ist, stets einen Überblick über und einen schnellen Zugriff zu den gespeicherten Informationen und Unterlagen zu haben, um aufwendiges Suchen zu vermeiden.

Literaturkarten und Karteien

Im vierten Kapitel dieses Buches war von der gezielten Suche und vom Erstellen übersichtlicher Notizen bei der Bearbeitung von Büchern die Rede. Oft aber stoßen wir bei der Lektüre von Fachzeitschriften auf einen interessanten Artikel, auf den wir später wieder zurückgreifen wollen. Oder wir schreiben einen Bericht über ein bestimmtes Thema und sind bei der Durchsicht von Büchern nur an einzelnen Abschnitten interessiert: In einem Buch ist beispielsweise eine gute Definition angegeben, die wir für die Einführung brauchen; in einem anderen finden sich einige wichtige Informationen zu einem Teilaspekt, in einem dritten gefallen uns die Beispiele.

Wenn wir Informationen aus verschiedenen Quellen und zu verschiedenen Bereichen zusammentragen, die wir selbst gliedern und ordnen wollen, arbeiten wir am besten mit Karteikarten. Sie können beliebig, unseren Bedürfnissen und Fragestellungen entsprechend angefertigt, übersichtlich beschriftet und flexibel geordnet werden.

Bewährt hat sich bei der Bearbeitung von Fachbüchern und -artikeln vor allem folgendes Vorgehen:

Wir verwenden zwei verschiedene Kartenarten, kleinere für die *Bücherkarten* (DIN A 7, halbe Postkartengröße) und größere (DIN A 6 oder A 5, Postkartengröße oder doppelte Postkartengröße) für die *Literaturkarten*.

Bücherkarten

Für jedes Buch und jeden Artikel, das oder den wir bearbeiten oder dem wir einzelne Informationen entnehmen, wird eine Bücherkarte (vgl. Abb. Seite 176) erstellt. Sie enthält:

- an erster Stelle den Namen der Verfasserin oder des Verfassers,
- an zweiter Stelle den Titel des Buches oder Artikels,
- Untertitel, Erscheinungsort und -jahr, Auflage,
- Ausleihstelle, Signatur oder Standort.

Arbeiten wir oft mit ausgeliehenen Büchern, kann es geschehen, dass wir bei der Durchsicht von Katalogen und Bibliographien nicht mehr genau wissen, welche Bücher wir bereits geprüft und vielleicht als unergiebig weggelegt haben. Um nicht immer wieder die gleichen Bücher durchsehen zu müssen, empfiehlt es sich deshalb, auf der Rückseite der Bücherkarte eine knappe Beurteilung anzugeben (Beispiele: »viele praktische Tipps«, »zu speziell« oder für »Bedürfnisse der Industrie«).

Die Karten ordnen wir alphabetisch nach Autorennamen und sichern uns damit einen schnellen Zugriff.

1 = Name und Vorname des Autors bzw. der Autorin
2 = Titel und Untertitel des Buches
3 = Weitere Angaben
4 = Erscheinungsort und Jahr
5 = Fundstelle und Signatur
6 = Eigene Anmerkungen

Bücherkarten

Beispiele: Vorderseite

1	Klippert, Heinz	**1**	Eppler, Martin J.
2	Methodentraining Übungsbausteine für den Unterricht	**2**	Persönliche Informations-Portfolios; Ein integriertes Konzept für die individuelle Informationsbewirtschaftung
3	Beltz Verlag		
4	Weinheim 7. Auflage 1998	**4**	Diplomarbeit Hochschule St. Gallen 1995
5	Päd. Inst. LK 5932	**5**	Ausleihe Eppler

Beispiele: Rückseite

6	Unterrichtsmaterialien für die Anleitung zu Lernmethoden in der Schule	**6**	Konzept für den systematischen Umgang mit Informationen

Literaturkarten

Die Informationen, die wir in den Büchern gefunden haben, notieren wir auf Literaturkarten. Wichtig ist dabei, dass auf jeder Karte nur Hinweise auf ein Thema und möglichst nur aus einem Buch enthalten sind. Nur dann lassen sich die Karten flexibel verwenden und entsprechend unseren Zielsetzungen in eine sinnvolle Abfolge bringen.

Als Überschrift verwenden wir für jede Karte ein Schlagwort, das den Inhalt kurz charakterisiert. Alle Karten, die Informationen zum gleichen

Teilgebiet enthalten, tragen das gleiche Schlagwort (Beispiel: »Ordnungssysteme«). Wird die Zahl der Karten mit dem gleichen Schlagwort zu groß, können zusätzliche Schlagworte für eine Untergliederung sorgen:

Beispiele:
Ordnungssysteme – Zielsetzungen
Ordnungssysteme – Karteien
Ordnungssysteme – EDV

Unterhalb der Schlagwörter vermerken wir den Autor und das Erscheinungsjahr des Buches als Verweis auf die Bücherkarte, auf der ja alle weiteren Quellenangaben gespeichert sind.

Die Notizen auf den Karteikarten sollten möglichst knapp sein, aber – vor allem wenn es sich um ausgeliehene Bücher handelt – alle wichtigen Informationen enthalten, die wir später noch benötigen (vgl. Beispiel Seite 178). Finden wir bestimmte besonders prägnante Formulierungen oder Definitionen, die wir später möglicherweise zitieren wollen, müssen diese natürlich auch wörtlich notiert und mit der Seitenzahl des Buches versehen werden.

Die Karten werden – der Übersichtlichkeit wegen – nur auf einer Seite beschriftet; reicht eine Karte nicht aus, vermerken wir auf allen folgenden Karten neben dem Schlagwort »Fortsetzung« und bringen eine laufende Nummerierung an.

Für die Aufbewahrung der Karten verwenden wir einen (selbst hergestellten oder gekauften) Kasten. Wichtig ist, dass wir uns einige Überlegungen zur Gliederung machen. Haben wir die Schlagwörter selbst gewählt, empfiehlt es sich, gleichzeitig ein Schlagwortverzeichnis zu führen. Sonst kommt es leicht vor, dass wir für ähnliche Sachverhalte zwei verschiedene Schlagwörter führen (Beispiel: Lernen – Weiterbilden) und die Informationen nicht mehr finden.

Die Karten im A6-Format sind leicht und handlich und haben in jeder Jacken- oder Handtasche Platz. Wir können deshalb auch problemlos einen kleinen Vorrat an leeren Karten an einen Vortrag oder in die Bibliothek mitnehmen und wichtige Informationen an Ort und Stelle notieren – mit Quellenangabe und einem Schlagwort. Zuhause werden die beschrifteten Karten in die Kartei eingeordnet.

1 = Hauptkapitel und Schlagwort
2 = Verweis auf Bücherkarte
3 = Knappe Zusammenfassung der wichtigsten Informationen

Beispiele von Literaturkarten

1	Lernen lernen – Probleme	**1**	Information – Instrumente
2	H. Klippert, 1998	**2**	M. Eppler, 1995
3	Eine Erhebung bei rund 800 Schülern ergab (S. 22), dass die Mehrzahl Probleme hat, den Lernstoff längerfristig zu behalten, im Unterricht zielstrebig zu arbeiten, umfangreiche Texte durchzuarbeiten, wichtigen Lernstoff zusammenzufassen, Klassenarbeiten frühzeitig vorzubereiten, einen Vortrag zu halten.	**3**	Im persönlichen Informationsfolio werden Informationsprobleme nach verschiedenen Gesichtspunkten analysiert (Ziel, Veränderungsrate, Kanäle/Quellen, Sektionskriterien, Nutzung) und daraus die Strategien abgeleitet.

Es empfiehlt sich, ständig einen Stapel leerer Karten auf dem oder griffbereit im Schreibtisch aufzubewahren, um bei der Lektüre von Fachzeitschriften wichtige Informationen gleich festhalten zu können.

Natürlich ist der Gebrauch von Karteikarten nicht auf Informationen beschränkt, die wir in Büchern, Zeitschriften oder Vorträgen sammeln. Oft lohnt es sich auch, eigene Gedanken und Ideen auf diese Weise zu notieren.

Einige Beispiele:

- Wir stellen Vorüberlegungen zu einer größeren Aufgabe an.
- Wir suchen nach einem Konzept für eine von uns zu organisierende Weiterbildungsveranstaltung.
- Wir stoßen bei der Arbeit auf ein Problem, mit dem wir uns erst zu einem späteren Zeitpunkt befassen können.

In Arbeitsgruppen werden oft Karten und Pinwände verwendet: Die Teilnehmenden halten ihre Gedanken, Beiträge, Ideen auf Karten fest, die dann an Pinwänden flexibel geordnet, einander gegenübergestellt, mit

Überschriften versehen und umgruppiert werden können. Das Produkt, der aktuelle Diskussionsstand bleibt damit für alle sichtbar, was einen ständigen Bezug ermöglicht.

Persönliche Schlussfolgerung

Für welche Bereiche könnte es sich für mich lohnen, mit Karteikarten zu arbeiten?

Informationsspeicherung über Computer

Die gleichen Vorteile, die Karteien als Übersichts- und Leitsysteme für den eigenen Informationsspeicher haben, bietet auch ein Computer – sowie natürlich größere Schnelligkeit und die Möglichkeit, mehrere Begriffe bei der Suche zu kombinieren. Über verschiedene Layouts können zudem Listen und Bibliographien erstellt und Begriffe in allen Feldern gesucht werden. Programme für die Literaturverwaltung (zum Beispiel Filemaker, Brain) sind für jeden PC erhältlich und können flexibel den eigenen Bedürfnissen angepasst werden. Bereits bei der Büchersuche (vgl. Seite 112) können die Angaben eingetippt, aus Datenbanken und aus dem Internet (vgl. Seite 115) übernommen werden. Auf diese Weise müssen die Informationen (Autor, Titel usw.) nur einmal aufgenommen werden (vgl. Abb. Seite 180).

Natürlich muss auch hier sehr sorgfältig zusammengefasst und verschlagwortet werden. Wenn wir bei der Suche von anderen Fragen ausgehen als beim Einordnen, kann es sonst leicht geschehen, dass die Information unauffindbar ist. Die ganze Mühe des Einlesens hat sich dann nicht gelohnt.

Literaturerfassung über EDV

Bucherfassung	
Autor	Reusser Kurt und Reusser-Weyeneth Marianne
Titel	Verstehen; Psychologischer Prozess und didaktische Aufgabe
Ort, Verlag	Bern, Hans Huber
Aufl.	
Jahr	1994
Signatur	5 Reu 2.1
Standort	PA-Bibliothek
Bemerkungen. Referenzen	Symposium 1989
Sprache	deutsch
Schlagwörter	Didaktik, Lernpsychologie, Pädagogik
Zusammenfassung Das Buch geht auf ein Symposium mit dem Titel »Verstehen Lehren – Verstehen als psychologischer Prozess und als didaktische Aufgabe« zurück, das aus Anlass der Emeritierung von Hans Aebli 1989 in Bern stattfand. Die Autorinnen und Autoren schrieben für das Buch ihren Beitrag neu oder arbeiteten ihn um. Zu den Autoren gehören u.a. Klaus Foppa, Horst Rumpf, Franz Weinert, Beck/Guldimann. Umfasst insgesamt zwölf Beiträge in zwei Teilen »Psychologische Aspekte des Verstehens« und »Verstehen lernen und lehren«.	

Bucherfassung	
Autor	Chott Peter O.
Titel	Schulkonzepte zum »Lehren des Lernens«; Analysen zur Grundlegung und zur Revision von Lehrplänen
Ort. Verlag	Weiden, Schuch
Aufl.	
Jahr	1996
Signatur	privat
Standort	Lernen lernen
Bemerkungen. Referenzen	Habilitationsschrift Uni Augsburg
Sprache	
Schlagwörter	Lernen lehren, Lehrpläne Schule, Schulanalyse
Zusammenfassung Der Autor stellt in seiner Habilitationsschrift insgesamt 20 verschiedene Konzepte deutschsprachiger Autorinnen und Autoren zum Lernenlehren dar und analysiert sie im Sinne einer Orientierungshilfe hinsichtlich einer Vielzahl von Kriterien wie Gehalt, Stufe, theoretischen Hintergrund, Praxisorientierung. Abgeschlossen wird das Buch mit dem Entwurf eines revidierten Lehrplans für die Grundschule zum Lehren des Lernens in den verschiedenen Fächern.	

Andere Ordnungssysteme

Ordner und Hängeregistraturen

Karteikarten nehmen alle Informationen auf, die wir selbst notieren. Oft ist es aber einfacher, einen Zeitungsartikel schnell auszuschneiden oder von einer Tabelle eine Fotokopie zu machen, als das Ganze durchzulesen und die wichtigsten Punkte zu notieren – sei es, dass der Text sehr umfangreich oder sehr kompliziert ist, sei es, dass uns einfach die Zeit für die Lektüre fehlt. Zu diesen Zeitungsausschnitten, Tabellen, Fotokopien kommen andere Unterlagen, die wir übersichtlich aufbewahren wollen.

Hier leisten Ordner, Organisationsmappen oder Hängeregistraturen gute Dienste. Broschüren, Vervielfältigungen aus Weiterbildungsveranstaltungen, Zeitungsausschnitte, Notizen – alles, was sich durch unsere Informationsbemühungen ansammelt und worauf wir später wieder gezielt zurückgreifen wollen, wird einem Schlagwort zugeordnet und in einen entsprechend unterteilten Ordner oder ein beschriftetes Mäppchen abgelegt.

Wichtig ist auch hier für die spätere Verwendung, dass deutlich wird, aus welcher Quelle die Information stammt. Geht dies nicht aus dem Dokument selbst hervor, muss es entsprechend angeschrieben werden (bei Zeitungsausschnitten beispielsweise Name der Zeitung und Erscheinungsdatum).

Prüfen Sie welches System Ihren Bedürfnissen und Möglichkeiten am besten entspricht:

- Eine Hängeregistratur in einer Schreibtischschublade, in einem Schrank, in einem Rollboy?
- Ein Schubladensystem?
- Ordner, Mäppchen, Schnellhefter?
- Ein anderes System?

Wir erleichtern uns die Suche, wenn wir für unsere Ordner und Hängemappen im Allgemeinen die gleichen Schlagwörter und das gleiche Ordnungsprinzip wählen wie für unsere Literaturkarteikarten. Die Beschriftung erfolgt bei der Hängeregistratur durch Reiter, die Unterteilung innerhalb der Mappe durch große Briefumschläge oder Klarsichtmappen.

Nach dem Einrichten unseres Ordnungssystems besteht eigentlich kein Grund mehr, Berge auf unserem Schreibtisch wachsen zu lassen. Neueintreffende oder neuerstellte Akten, mit denen wir uns nicht unmittelbar beschäftigen, werden mit einem Schlagwort versehen. Falls erforderlich, wird eine neue Hängemappe oder ein neuer Ordner beschriftet, die die Unterlagen aufnehmen und bereithalten, bis wir sie benötigen und mit einem Handgriff entnehmen können. Eine systematische Zeit- und Arbeitsplanung (vgl. Seite 72) verhindert dabei, dass das, was »aus den Augen« ist, auch »aus dem Sinn« gerät. Werden Unterlagen zu einem Gebiet an verschiedenen Stellen aufbewahrt, empfiehlt sich eine »Überblickskartei« (s. Fallbeispiel). Darin können auch Eintragungen zu Artikeln aus Fachzeitschriften erfolgen, die wir in Stellordnern jahrgangsweise sammeln.

Frau Schuster hat viele Unterlagen zum Thema Lerntechnik gesammelt. Die Bücher dazu stehen teilweise im Regal, andere sind bereits an die Ausleihstelle zurückgegeben worden; in der Literaturkartei sind die entsprechenden Bücher- und Schlagwortkarten eingeordnet, in der Hängeregistratur die im Kurs abgegebenen Unterlagen und Fotokopien von Artikeln. Ihre Notizen und die bearbeiteten Vervielfältigungen hat Frau Schuster in einen Ordner eingeheftet. Um dennoch nicht den Überblick zu verlieren, führt sie eine Kartei, in der sie unter den einzelnen Schlagwörtern einträgt, wo sich die entsprechenden Unterlagen befinden.

Prüfen Sie, ob Ihr Ordnungssystem folgenden Bedingungen entspricht:

Checkliste	Ja	Nein
Mein Ordnungssystem ist auf meine Bedürfnisse zugeschnitten: Ich weiß, wo ich Notizen, Vervielfältigungen, Zeitungsausschnitte usw. einordnen und später suchen muss.		
Mein Ordnungssystem ist übersichtlich: Ich kann Unterlagen auch dann schnell finden, wenn ich beim Suchen von einer anderen Frage ausgehe als beim Einordnen.		
Mein Ordnungssystem ist flexibel: Informationen und Unterlagen, die zu verschiedenen Zeiten und zu verschiedenen Bereichen anfallen, können nach Inhalten geordnet werden.		
Mein Ordnungssystem ist leicht zu handhaben: Neu hinzugekommene Unterlagen können schnell eingeordnet werden.		
Alle Unterlagen sind vollständig beschriftet: Bei allen Unterlagen ist angegeben, aus welcher Quelle sie stammen. Zwischen Informationen aus anderen Quellen und eigenen Überlegungen ist klar unterschieden.		

Persönliche Schlussfolgerungen

In welchem Bereich habe ich Ordnungsprobleme?

Entspricht mein bisheriges Ordnungssystem meinen Bedürfnissen?

Für welche Bereiche muss ich ein besseres System entwickeln?

Welches Ordnungssystem könnte mir zu Hause den Überblick über meine Unterlagen erleichtern?

Welches Ordnungssystem könnte ich bei meiner beruflichen Tätigkeit verwenden?

Zusammenfassung

----

7. Anwenden, beurteilen, wiedergeben: Die Ergebnisse werden zusammengefasst und weitergegeben

Frau Meier ist am Ende ihres Kurses angelangt. Jetzt steht ihr noch eine Abschlussprüfung bevor. Obwohl sie regelmäßig gelernt hat und den Stoff eigentlich beherrscht, erfüllt sie der Gedanke an die Prüfung mit Angst. Hat sie sich genügend vorbereitet? Wird sie die richtigen Antworten wissen?

Auch Herr Zoller hat seinen Kurs abgeschlossen und bereitet sich auf die erste Weiterbildungsveranstaltung vor, die er selbst erteilen will. Mit zwei Kollegen überlegt er, welche Inhalte sie vermitteln, wie sie zusammenfassen und gliedern, welche Methoden verwenden, welche Unterlagen erarbeiten wollen, welche Hilfsmittel erforderlich sind.

Nach Abschluss jedes Lernschrittes wie auch ganzer Ausbildungen steht die Prüfung: Was haben wir gelernt, wo stehen wir heute, wie beurteilen wir unseren Wissensstand? Diese Prüfung wird oft von außen vorgegeben, sonst müssen wir sie selbst durchführen.

Auch wenn wir einiges nur aus Neugier und zur persönlichen Bereicherung lernen – den Großteil des gesammelten Wissens wollen wir in unserem Beruf oder bei unserer weiteren Ausbildung umsetzen, wir wollen es an andere weitergeben.

Dies geschieht natürlich bei jeder Anwendung, bei unserer täglichen Arbeit, besonders aber dann, wenn wir eine Prüfung ablegen, einen Vortrag halten, einen Bericht abliefern müssen.

Dass diese Aufgaben im letzten Kapitel behandelt werden, liegt nicht nur daran, dass sie im Allgemeinen zum Abschluss eines Ausbildungsganges verlangt werden und es sich um eine sinnvolle letzte Lernphase handelt. Die zur Sprache kommenden Techniken ergeben sich teilweise auch bereits aus den vorangehenden Kapiteln, so dass hier die (bei jedem Lernen notwendige) Möglichkeit der Wiederholung besteht:

- Wir müssen uns über die Ziele klar sein: Was wird verlangt, was können wir, was wollen wir vermitteln?
- Wir benötigen eine gute Zeiteinteilung: Nur wenn wir rechtzeitig beginnen, können wir auch bei näherrückendem Termin unseren gewohnten Tagesrhythmus aufrechterhalten.
- Wir müssen Unterlagen, Zusammenfassungen, wichtige Bücher und Notizen erneut lesen.
- Um einen Überblick über große Stoffgebiete zu gewinnen, fassen wir zusammen, gliedern, strukturieren.
- Um für uns Zusammenhänge sichtbar zu machen, um Ergebnisse anderen übersichtlich zu vermitteln, fertigen wir Skizzen, Tabellen, Darstellungen an, überlegen wir uns Beispiele und praktische Anwendungen.
- Sowohl bei schriftlichen als auch bei mündlichen Prüfungen ist es wichtig, dass wir unsere Gedanken ordnen, gliedern.

Prüfungen

Wer sich im Erwachsenenalter einer Prüfung stellen muss, wird dies in der Regel mit ebenso mulmigen Gefühlen tun wie Kinder und Jugendliche. Vor allem wenn die letzte Prüfung schon etliche Jahre zurückliegt, kommt dazu die Unsicherheit, ob wir den Anforderungen gewachsen sind und wir uns auf die Situation noch einstellen können.

Das Ergebnis einer Prüfung hängt im Wesentlichen von uns selber ab:

- von einer guten Vorbereitung,
- von einem überlegten Darstellen und Weitergeben unserer Überlegungen,
- von einer guten Zeiteinteilung vor und während der Prüfung.

Zufällige Erfolge sind gut, aber selten. Geplante Erfolge sind besser, da häufiger und beeinflussbar.

Vorbereitung

Am Anfang steht die Orientierung: Was wird verlangt? Wenn keine schriftlichen Unterlagen dazu bestehen, fragen Sie die Schul- oder Kursleitung oder die Verantwortlichen für die Prüfungsdurchführung: Alle Prüfungs-Absolvierenden haben ein Recht darauf, die Lern- und Prüfungsziele zu kennen.

Bringen Sie gleichzeitig in Erfahrung, welche Unterlagen bei der Prüfung benutzt werden dürfen und auf welche Weise geprüft wird: Werden knappe Antworten verlangt, sind Auswahlantworten vorgegeben, müssen längere Antworten selbst formuliert werden?

Als Nächstes folgt die kritische Selbstbeurteilung: Was kann ich bereits, was muss ich noch lernen? Wenn Sie während des Lernens sinnvolle Arbeitstechniken angewandt haben, aktiv gelesen und die Notizen regelmäßig überarbeitet haben, bleibt oft wenig eigentliche Prüfungsvorbereitung: Sie sind bereits auf dem verlangten Wissensstand, die Prüfung soll Ihnen lediglich noch die Bestätigung dafür liefern.

Werden aber für die Prüfung neue Kenntnisse verlangt, die Sie erst erwerben müssen, benötigen Sie noch einige Hinweise für die Vorbereitung.

Zunächst gewinnen Sie einen Überblick über den zu lernenden Stoff: Welche Bücher sind durchzuarbeiten, welche Kursnotizen, welche weiteren Unterlagen? Das Formular auf Seite 188 kann Ihnen bei Ihrer Planung gute Dienste leisten.

Frau Meier benutzt für Ihre Prüfungsplanung das Formular auf Seite 188. Zuerst trägt sie aufgrund der Prüfungsbestimmungen und der Auskünfte des Kursleiters ein, welche Gebiete verlangt werden und wie sie ihren jetzigen Wissensstand beurteilt. In die nächste Kolonne schreibt sie, welche Vorbereitungsarbeiten sie durchführen will und wie viele Stunden sie dafür veranschlagt. Zum errechneten Stundentotal addiert sie eine großzügige Reserve. In einem zweiten Schritt ordnet sie die Teilbereiche bestimmten Lernzeiten zu. Die letzten Tage vor der Prüfung reserviert sie für eine Gesamtrepetition.

Planung für eine größere Prüfung			
Fach/Teilbereich	Jetziger Wissensstand (Gut/Mittel/Schlecht)	Noch zu bearbeiten (Buch/Kapitel/Notizen /Unterlagen)	Geschätzter Zeitaufwand

Durcharbeiten von Unterlagen

Bei der Bearbeitung von schriftlichen Unterlagen sind die bereits erwähnten Lesetechniken (Seite 120) zu empfehlen:

- Überfliegen Sie das ganze Gebiet.
- Orientieren Sie sich über die Zusammenhänge.
- Stellen Sie Fragen, die Sie dann beim Lesen beantworten.
- Prüfen Sie immer wieder, ob Sie alles verstanden haben, wie Sie die Inhalte zusammenfassen, gliedern, veranschaulichen können.
- Lesen Sie zum Schluss alle Notizen nochmals im Zusammenhang durch.

Gehen Sie – wo immer möglich – vom Verständnis, von den großen Zusammenhängen aus, bevor Sie sich in Einzelheiten vertiefen, suchen Sie Gesetzmäßigkeiten, strukturieren Sie große Gebiete (vielleicht in einer anderen Abfolge als sie im Lehrbuch erscheint) – kurz, versuchen Sie so weit wie möglich, das Gebiet für sich sinnvoll und übersichtlich zu gestalten.

Einen Überblick über große Gebiete gewinnen wir durch Zusammenfassungen, oft auch durch Skizzen, grafische Darstellungen und Tabellen (vgl. Anhang Seite 211). Durch solche selbst erstellten Gedächtnisstützen erhält das Gebiet für uns eine Struktur.

Was wir verstehen und anwenden können, wird nicht vergessen – bemühen Sie sich deshalb immer, die Inhalte zu verstehen, Regeln nachzuvollziehen, Beispiele zu finden. Lernen Sie Regeln nicht einfach auswendig, suchen Sie Ableitungen, Hintergründe, Ausnahmen, Ähnlichkeiten.

Für Einzelfakten, die dennoch auswendig gelernt werden müssen, ist das auf Seite 48 erwähnte »Kartenspiel« zu empfehlen. Es wird jedoch mit Vorteil nicht stundenlange gepaukt: zehn Minuten zu Beginn einer Lernperiode, eine Viertelstunde im Zug – länger ist es erstens nicht mehr interessant und zweitens nicht rationell.

Wenn wir uns in größere Wissensgebiete einarbeiten, werden wir natürlich länger »dranbleiben«. Aber auch hier empfiehlt sich eine Unterteilung. Die Aussage »Ich habe fünf Tage und Nächte praktisch ununterbrochen für meine Prüfung gepaukt«, mag zwar Kollegen beeindrucken – empfehlenswert ist dieses Vorgehen keineswegs. Um die fortschreitende Ermüdung wettzumachen, muss viel mehr Zeit aufgewendet werden.

Planen wir also rechtzeitig – und sparen damit manche Stunde, die wir sicher auch vor Prüfungen gerne für Entspannung und Bewegung verwenden.

Übung

Die Schlussfolgerungen für die Zeiteinteilung beim Lernen wurden im dritten Kapitel zusammengefasst. Erinnern Sie sich noch an die wichtigsten Punkte?

Vergleichen Sie mit Seite 79.

Aus den Lerngesetzen ergibt sich somit bei der Vorbereitung einer Prüfung über große Stoffgebiete folgender Ablauf einer Lernetappe:

- Wiederholung des Stoffes der Vorwoche.
- Wiederholung des Stoffes vom Vortag.
- Neulernen im Wechsel zwischen Lesen und Schreiben, Aufnehmen und Wiederholen, zwischen Routinearbeiten und anspruchsvollen Aufgaben.
- Kontrolle der Notizen und des Verständnisses.
- Vorbereiten der Unterlagen für die nächste Lernetappe, Lernziele setzen.

Gemeinsam vorbereiten

Selten gibt es Prüfungen für Einzelpersonen; meist haben wir »Leidensgenossen«. Gerade bei der Prüfungsvorbereitung bewährt sich der Wechsel zwischen Einzel- und Zusammenarbeit.

Am besten wird dabei ein gemeinsamer Zeitplan aufgestellt. Das zu lernende Gebiet wird aufgeteilt, jedes Teilgebiet zum Thema eines Gruppentreffens gemacht. Die Gruppenmitglieder arbeiten sich einzeln in das Gebiet ein, machen sich Notizen, erstellen Zusammenfassungen und überlegen sich einige Prüfungsfragen dazu. Beim Gruppentreffen werden die Fragen den anderen vorgelegt und entweder mündlich oder – übungshalber – schriftlich beantwortet und besprochen.

Dieses Vorgehen bietet mehrere Vorteile:

- Es ermöglicht allen Teilnehmenden, rechtzeitig ihre Wissenslücken zu erkennen und zu beheben.
- Es stellt ein Üben der Prüfungssituation dar und hilft damit, die Angst abzubauen.
- Wenn wir Fragen ausfindig machen, versetzen wir uns in die Lage der Prüfenden und sehen das Gebiet mit ihren Augen. In der Prüfung selbst werden wir dann auf Fragen stoßen, die uns bereits vertraut sind und deren Beantwortung uns deshalb keine Probleme mehr macht.

Prüfungsangst

Es ist verständlich und völlig normal, dass Kandidatinnen und Kandidaten vor einer größeren Prüfung etwas nervös sind, vor allem, wenn sie sich während langer Zeit keiner solchen Situation mehr stellen mussten und wenn von der Prüfung für ihre Zukunft einiges abhängt. Eine gewisse Nervosität schadet auch nichts, sondern führt höchstens dazu, dass wir uns noch ein bisschen besser vorbereiten. Auch wenn wir deswegen etwas unruhiger schlafen, stört dies unsere Leistungsfähigkeit nicht (vgl. Seite 75), vor allem, wenn wir uns hinterher wieder erholen können.

Zum Problem wird die Angst, wenn sie so groß ist, dass wir wochenlang an nichts anderes denken können, oder wenn wir während der Prüfung so blockiert sind, dass wir uns an das Gelernte nicht mehr erinnern. Sollte Ihre Angst solche Ausmaße annehmen, können Sie sich wahrscheinlich nicht allein davon befreien. Überlegen Sie sich, ob Sie in einem Kurs Entspannungstechniken (autogenes Training, vgl. Seite 106) erlernen wollen oder ob Ihnen eine (Betriebs-)Psychologin oder ein Psychologe helfen kann, den Ursachen nachzugehen und die Angst abzubauen

Zeitplan für die Prüfungsvorbereitung

Fach: Prüfungsdatum:

	Geplante Lernzeiten	
	Datum	Zeit
Teilgebiet 1		
Gruppentreffen		
Ergänzung und Wiederholung 1		
Teilgebiet 2		
Gruppentreffen		
Ergänzung und Wiederholung 2		
Teilgebiet 3		
Gruppentreffen		
Ergänzung und Wiederholung 3		
Teilgebiet 4		
Gruppentreffen		
Ergänzung und Wiederholung 4		
Gesamtwiederholung		

Zur Bekämpfung einer »Durchschnittsangst« können wir aber selbst einiges tun:

- Wir stellen fest, was verlangt wird, und bereiten uns gewissenhaft vor.
- Wir beginnen rechtzeitig mit dem Lernen, damit wir nicht in Zeitdruck geraten.
- Wir behalten unseren normalen Tagesablauf so weit wie möglich bei und teilen unsere Lernzeit so ein, dass daneben auch noch Zeit für die Familie, für Treffen mit Freunden, für Sport oder Entspannung bleibt (länger als sechs bis sieben Stunden pro Tag können wir ohnehin nicht Gewinn bringend lernen).
- Wir üben Prüfungen vorher in einer Lerngruppe (Seite 170), um die Gewissheit zu haben, dass wir die Antworten nicht nur wissen, sondern auch formulieren können.

Während der Prüfung

Sowohl bei schriftlichen als auch bei mündlichen Prüfungen ist es wichtig, dass wir unsere Kenntnisse und den erarbeiteten Überblick auch zeigen können und die zur Verfügung stehende Zeit bewusst einteilen.

Werden bei *schriftlichen* Prüfungen längere Antworten erwartet, ist die Gliederung und die Darstellung wichtig: Wir machen uns kurze Notizen zum Aufbau und den wichtigsten Punkten, überlegen die beste Reihenfolge, fügen Untertitel ein oder unterstreichen die wichtigsten Stichworte – und zeigen auf diese Weise, dass wir das Gebiet überblicken.

Flüchtigkeitsfehler finden sich vor allem bei Sprachprüfungen sowie im Bereich Mathematik. Wir verhindern sie am sichersten durch eine gute Zeitplanung: Wir berechnen zu Beginn der Prüfung, wie viel Zeit für die einzelnen Aufgaben zur Verfügung steht, und brechen eine schwierige Aufgabe lieber ab als dass wir zu viel Zeit darauf verwenden. Bleibt am Schluss noch Zeit, können wir immer noch zu der Knacknuss zurückkehren – im sicheren Bewusstsein, dass wir die anderen Aufgaben bereits »unter Dach« haben. Auf alle Fälle reservieren wir uns einige Minuten zum Schluss, um alle Lösungen nochmals durchlesen und auf Flüchtigkeitsfehler hin überprüfen zu können.

Auch bei *mündlichen* Prüfungen ist der Aufbau und die Darstellung wichtig: Statt möglichst schnell möglichst viele Einzelheiten loszuwerden, gehen wir bei längeren Ausführungen ebenfalls von einer Übersicht aus und erläutern, welches die wichtigsten Aspekte und Teilbereiche sind. Falls unerwartete Fragen gestellt werden, dürfen wir nicht einfach schweigen. Besser ist es, nochmals zurückzufragen und damit etwas Zeit zu gewinnen, unsere Gedanken zu ordnen.

Bericht oder Vortrag

Die Aufgabe, Informationen oder Ergebnisse schriftlich oder mündlich weiterzugeben, kann in sehr unterschiedlicher Form an uns gestellt werden. Bei einem Kurs, einer längerdauernden Ausbildung wird durch Semester- oder Abschlussarbeiten geübt, den gelernten Stoff aufzubereiten, verständlich darzustellen. Bei vielen Arbeiten ist es erforderlich, andere zu informieren. Einige Teilschritte, die bei vielen Arbeiten ähnlich verlaufen, sollen hier dargestellt werden.

Wie wir zu unserem Material kommen, wurde bereits im vierten Kapitel erwähnt: durch Suche in Bibliotheken und anderen Quellen, Lesen, Kursbesuche, eigene Untersuchungen und anderes mehr. Stehen wir vor der Aufgabe, einen Bericht zu schreiben, einen Vortrag vorzubereiten, stellt sich zunächst die gleiche Frage wie vor Prüfungen: Über welches Material verfügen wir bereits, wo können wir »aus dem Vollen schöpfen« und müssen lediglich eine Auswahl treffen, welche Informationen müssen wir überprüfen, ergänzen oder ganz neu beschaffen? Eine gute Zeitplanung ist nicht nur deswegen wichtig, um nicht zum Schluss unter Druck zu geraten, sondern auch, weil wir oft von anderen abhängig sind:

- Wenn wir Unterlagen beschaffen, müssen wir uns nach Öffnungs-, Ausleih-, Präsenz- und Ferienzeiten von Bibliotheken und Auskunftsstellen richten.
- Nicht jedes Buch ist gleich bei der ersten Anfrage vorrätig.
- Wenn wir Konzepte und Entwürfe Dozenten oder Vorgesetzten unterbreiten müssen, können wir nicht davon ausgehen, dass wir unsere Unterlagen postwendend zurückerhalten.

Aus diesen Gründen müssen oft verschiedene Arbeiten nebeneinander in Angriff genommen werden. Das Formular (Seite 195) kann Ihnen bei der Planung helfen.

Vorbereiten eines Berichts oder Vortrags			
Teilarbeit	Bemerkungen	Erledigen bis	Besprechen mit
Thema eingrenzen	– Zielsetzung – Persönliche Interessen – Adressaten berücksichtigen – Umfang festlegen		
Material sichten	– Mit Karteikarten arbeiten (Bücher-Schlagwort-, Quellen-karten), Notizen – Informationen überprüfen, gewichten, aussortieren		
Informationen ergänzen	– Weitere Unterlagen suchen und zusammenstellen – In Bibliotheken prüfen		
Aufbau bestimmen	– Gliederung überprüfen, Titel und Untertitel festlegen		
Illustrationen bestimmen	– Komplexe Zusammen-hänge veranschau-lichen durch Tabellen, Grafiken – Bilder zur Auflockerung		
Entwurf erstellen	– Ausformulieren – Tabellen, Skizzen einfügen		
Überarbeiten	– Auf Vollständigkeit, Lesbarkeit, Übersicht-lichkeit überprüfen		
Endfassung	– Ins Reine schreiben – Übersichtliche Darstellung		

Ordnen des Materials

Bei der ersten Sichtung der vorhandenen Unterlagen ergibt sich oft, dass über wichtige Punkte zu wenig Material vorliegt, dass uns einiges selbst noch unklar ist. Vielleicht müssen einzelne Probleme beiseite gelassen, andere aus einer anderen Perspektive neu angegangen werden. Möglicherweise widersprechen sich auch Aussagen und Ergebnisse zu einer Frage, sodass zusätzliche Informationen eingeholt werden müssen.

Wichtig ist, dass wir nicht einfach vom vorhandenen oder gesammelten Material ausgehen und dieses in eine Abfolge bringen, sondern dass wir nochmals auswählen, auf unsere Ziele und Adressaten hin überprüfen, verdichten, reduzieren und uns den besten Aufbau überlegen. Gegebenenfalls müssen wir unser Material noch ergänzen, weil in den wichtigsten Bereichen noch Lücken oder Unklarheiten bestehen.

Der nächste Schritt besteht in einer Gewichtung der Informationen: Welches sind die zentralen Aussagen, die Kernpunkte unseres Berichts oder Vortrags, welches weitere wichtige Inhalte, welche dagegen eher von nebensächlicher Bedeutung? Letztere werden wir nur verwenden, wenn sie sich gut in die Arbeit eingliedern lassen und der vorgesehene Umfang es noch zulässt.

Haben wir mit Karteikarten gearbeitet, können wir uns die Übersicht über die Kernpunkte beispielsweise dadurch erleichtern, dass wir die Kanten der wichtigsten Karten mit verschiedenen Farben markieren.

Sowohl bei Vorträgen als auch bei schriftlichen Arbeiten überlegen wir uns, an wen wir uns wenden, welchen Kenntnisstand diese Personen haben und was sie besonders interessiert. Entsprechend erläutern wir Fachausdrücke, setzen Definitionen ein, wählen Details, Beispiele, Illustrationen aus und planen unsere Zeit (s. auch Seite 199).

Die Abfolge der Inhalte haben wir meist schon vorher festgelegt, oder sie ergibt sich aus dem Thema. Kriterium für den Aufbau ist die Überlegung, welche Reihenfolge den Adressatinnen und Adressaten den besten Zugang zum Gebiet ermöglicht. Es lohnt sich, diese Gliederung sorgfältig zu planen und notfalls auch nochmals umzustoßen, wenn wir eine bessere Abfolge finden.

In diesem Stadium prüfen wir auch, welche Tabellen, graphische Darstellungen, Skizzen oder Illustrationen wir aus anderen Quellen übernehmen (natürlich mit Quellenangabe) oder selbst anfertigen wollen. Wir haben uns ja bei unserer Vorbereitung überlegt, wie wir die Zusammenhänge sichtbar machen, verschiedene Sachverhalte veranschaulichen können (vgl. Seite 128). Welche dieser Ergebnisse wollen wir weitergeben?

Gliederung

Beim Verfassen des ersten Entwurfs geht es zunächst darum, die »Gestalt«, den Aufbau der Arbeit zu bestimmen, seine Gedanken festzuhalten. Kaum jemand schreibt auf Anhieb »druckreif«. In der Regel muss nachträglich umformuliert, ergänzt, neu gegliedert werden. Es empfiehlt sich deshalb eine Form, die ohne großen Aufwand überarbeitet werden kann:

- ❖ Schreiben Sie den ersten Entwurf am liebsten handschriftlich und mit Bleistift?
- ❖ Setzen Sie die einzelnen Abschnitte mit Schere und Klebestreifen neu zusammen?
- ❖ Oder haben Sie einen PC? Textverarbeitungsprogramme ermöglichen problemlos Korrekturen, Einschübe, Umstellungen, ebenso wie das Erstellen von Grafiken und Tabellen und eines »professionellen« Layouts. Damit sparen Sie nicht nur sehr viel Zeit, sondern erreichen auch eine optimale Darstellung.

Die Gliederung muss dabei auch für den Leser (und den Zuhörer) sichtbar gemacht werden. Es genügt meist nicht, nur Titel aneinander zu reihen – es muss auch erkennbar sein, welches Haupt- und welches Unterkapitel sind, welche Abschnitte einander neben- und welche übergeordnet sind.

Gliederungshilfen sind Größe und Schrift der Titel, römische und arabische Zahlen, Groß- und Kleinbuchstaben.

Beispiel:

I. Die Diplomarbeit

1. Einführung
   1.1 Begründung
   1.2 Geschichte

2. Vorgehen
   2.1 Wahl des Themas
      a) Häufige Fehler
      b) Empfehlungen
      c) Konzept
   2.2 Materialsuche

usw.

Auch das Inhaltsverzeichnis wird entsprechend dargestellt und erleichtert die Orientierung.

Überarbeiten

Nach der Niederschrift des ersten Entwurfs empfiehlt es sich, sein Werk erst einmal einige Tage wegzulegen. Wir haben unsere Gedanken zu Papier gebracht und müssen sie nun noch kritisch überarbeiten. Dazu brauchen wir Distanz. Wir müssen uns aus der Rolle der Verfasserin oder des Verfassers lösen und den Bericht mit den Augen von kritischen Fachleuten oder interessierten Lernenden lesen. Dieser Rollenwechsel erfordert meist eine gewisse Zeit.

Noch besser ist es natürlich, wenn weitere Personen den Entwurf kritisch durchlesen und ihre offene Meinung hinsichtlich Stil, Aufbau, Verständlichkeit und Inhalt mitteilen.

Bei der Überarbeitung wird zunächst der Stil, die Grammatik und die Orthographie überprüft: Ist der Sinn jedes Satzes klar? Weiß man, auf was sich jedes Pronomen bezieht? Ist die Arbeit verständlich, gut gegliedert? Bildet jeder Abschnitt eine logische Einheit?

Versetzen Sie sich in die Lage der Leserin oder des Lesers und lesen Sie in Zweifelsfällen die Sätze laut vor: Liest sich der Text leicht oder kommen komplizierte, unnötig verschachtelte Sätze vor? Sind die Wortwahl und der Satzbau abwechslungsreich oder gibt es viele Wiederholungen? Sind genügend Beispiele, Zitate, Skizzen und Abbildungen zur Auflockerung und Veranschaulichung eingestreut?

Darstellung der Arbeit

Für viele Arten von Berichten, Abschluss- und Diplomarbeiten gibt es vorgeschriebene Darstellungsformen. Erkundigen Sie sich rechtzeitig, wie viele Kopien Sie erstellen, an welche Bedingungen Sie sich halten müssen, um sich nachträglich einen großen Zeitaufwand oder Ärger zu ersparen. Untersuchungen zeigen, dass das »Aussehen«, die Beurteilung einer Arbeit wesentlich beeinflusst; es lohnt sich somit, darauf einige Gedanken und Mühe zu verwenden.

Halten eines Vortrags

Was über Prüfungen gesagt wurde, gilt auch für Vorträge: So selten Kinder und Jugendliche locker in Prüfungen gehen und freie Vorträge halten, so selten sehen Erwachsene diesen Situationen ohne Nervosität entgegen. Auch bei Vorträgen – und natürlich bei der Planung von Kursen – hängt jedoch vieles von der Vorbereitung und der Übung ab.

Die ersten Vorbereitungsschritte (Konzept, Materialsammlung, Gliederung) verlaufen gleich wie beim Verfassen einer schriftlichen Arbeit. Bereits in dieser Phase gehen wir von den Bedürfnissen der Adressatinnen und Adressaten aus und überlegen uns, wie wir die Zuhörenden motivieren wollen, welcher Aufbau den besten Zugang vermittelt, welche Hilfsmittel wir verwenden wollen (vgl. Checkliste, Seite 195).

Übung

Bei Ihrer Weiterbildung hören Sie immer wieder Vorträge und längere Diskussionsbeiträge von Kursleiterinnen und Kursleitern und von anderen Teilnehmenden. Überlegen Sie sich, wann Ihnen das Zuhören leicht fällt, bei welchen Vorträgen Sie am meisten lernen:

Vergleichen Sie Ihre Angaben mit den unten aufgeführten: Sind es dieselben? Versuchen Sie, die Ihnen wichtig erscheinenden bei Ihren eigenen Vorträgen zu berücksichtigen.

Leicht fällt uns das Zuhören bei Vorträgen,
- wenn wir persönlich angesprochen werden,
- wenn uns das Thema interessiert,
- wenn der Vortrag gut aufgebaut,
- wenn die Sprache nicht zu kompliziert ist,
- wenn er anschaulich ist (Illustrationen, Beispiele).

Gute Redner bemühen sich, die Zuhörenden einzubeziehen, nicht nur vor, sondern zu ihnen zu sprechen. Dies können sie natürlich nur, wenn sie das Publikum auch ansehen und ihren Blick weder zur Decke noch krampfhaft auf das Manuskript richten.

Am besten notieren Sie sich deshalb nur den Aufbau Ihres Vortrages und Stichworte zu den einzelnen Abschnitten. Ihr Manuskript dient vor allem Ihrer eigenen Beruhigung und soll sicherstellen, dass Sie nichts Wichtiges vergessen. Kennen Sie Ihr Publikum nicht, wählen Sie den Aufbau möglichst flexibel, um gegebenenfalls zusätzlich notwendige Erläuterungen einbauen zu können.

Checkliste für die Vorbereitung eines Vortrages

– Zeiteinteilung

Wie viel Zeit steht mir zur Verfügung? .... Min

Eigene Redezeit .... Min

Zeit für Fragen und Diskussion .... Min

Zeit für Übungen und Gruppenarbeiten .... Min

– Welchen Einstieg verwende ich?

....

....

– Aufbau: Wie gliedere/unterteile ich den Vortrag?

....

....

....

– Welche Methoden will ich verwenden?

- ☐ Vortrag
- ☐ Übungen, Aktivierung
- ☐ Gruppenarbeit
- ☐ Diskussion
- ☐ ....

– Welche Hilfsmittel benötige ich?

- ☐ Wandtafel
- ☐ Overheadprojektor
- ☐ Flipchart
- ☐ Karten
- ☐ Stifte
- ☐ Pinwand
- ☐ Plakate
- ☐ Video
- ☐ Zeichenblätter
- ☐ ....

– Welche Unterlagen muss ich vorbereiten?

- ☐ Illustrationen
- ☐ Vervielfältigungen
- ☐ Übungen
- ☐ Kassetten
- ☐ ....
- ☐ Folien
- ☐ Fragebogen
- ☐ Karten
- ☐ Texte

Eine gute Zeitplanung ist nicht nur bei der Vorbereitung, sondern auch beim Halten eines Vortrages erforderlich. Viele Leute verschätzen sich in dieser Hinsicht, indem sie entweder im »Ernstfall« aus Nervosität schneller sprechen als beim Probelauf, keine Zeit für Zwischenfragen einplanen oder sich aber in Detailerläuterungen verlieren, abschweifen.

Besonders wichtig ist der Einstieg in unseren Vortrag. Wir wollen gleich zu Beginn die Aufmerksamkeit der Zuhörenden gewinnen, sie neugierig auf unsere Erkenntnisse und Mitteilungen machen. Eignet sich eine Anekdote, ein Scherz, eine Zeitungsmeldung, ein treffendes Zitat dafür? Können wir eine kleine Übung oder eine lustige Illustration an den Anfang stellen?

Dass wir uns während des Vortrags bemühen, auch jenen Zuhörern etwas zu bieten, die vor allem über die Augen lernen, die gerne selbst aktiv sind oder die eigene Fragen stellen wollen (vgl. Seite 66), wurde bereits erwähnt.

Überlegen Sie, wie Sie Ihre Ausführungen veranschaulichen, mit welchen Hilfsmitteln unterstützen wollen.

- *Overheadprojektor:* Die Folien können Sie vorher vorbereiten, während des Vortrages erläutern, dabei auf spezielle Gesichtspunkte hinweisen und mit farbigen Stiften ergänzen. Achten Sie darauf, dass die Folien nicht zu kompliziert sind und dass Sie diese lange genug zeigen.

- *Pinwand:* Auch hier können Sie mit Packpapier und verschiedenfarbigen Karten vorbereiten und diese schon vorher oder während des Vortrages anheften. Mit Ihren Erläuterungen können Sie die Beziehungen sichtbar machen und gegebenenfalls entsprechend den Publikumsreaktionen während des Vortrages noch verändern oder weiterentwickeln. Gegenüber dem Projektor hat die Pinwand den Vorteil, dass die Darstellungen für das Publikum während des ganzen Vortrages sichtbar bleiben und Ihnen ermöglichen, immer wieder Bezug zu nehmen, aufzuzeigen, wo Sie stehen.

- *Flipcharts* sind eigentlich Zeichenblätter auf einem Ständer und ersetzen eine Wandtafel. Übersichten und grafische Darstellungen lassen sich ebenfalls vorher vorbereiten, Erläuterungen, Namen usw. während des Vortrages notieren.

Einen guten *Abgang* sichern wir uns, wenn wir auch dem Schluss des Vortrages besondere Aufmerksamkeit schenken: Statt einfach aufzuhören, können wir an das Anfangszitat nochmals anknüpfen, mit einer prägnanten Folie, einer klaren Schlussfolgerung oder einem Aufruf an das Publikum enden.

Medikamente gegen Lampenfieber

Die meisten Menschen sind vor Auftritten nervös

Lampenfieber ist eine weit verbreitete Krankheit: Selbst Schauspielerinnen und Schauspieler, die täglich auf der Bühne stehen, kennen die Angst vor dem Auftritt. Wie die Prüfungsangst ist das Lampenfieber dann kein Problem, wenn es uns lediglich vorher anspornt, uns gut vorzubereiten, uns aber während unseres Auftritts nicht hindert, klar zu denken.

Das wichtigste Medikament gegen Lampenfieber ist die Übung. Wenn Sie zum ersten Mal vor einem größeren Publikum sprechen müssen, schreckt Sie vor allem das Unbekannte: »Werde ich der Aufgabe gewachsen sein? Werde ich überhaupt sprechen können, wenn alle mich erwartungsvoll ansehen? Wie werden die anderen reagieren?« Am besten üben Sie deshalb im kleinen Kreis, um Sicherheit zu gewinnen und sich selbst zu bestätigen, dass Sie das Thema beherrschen und Ihre Gedanken vorbringen können.

Überlegen Sie sich ruhig, wovor Sie Angst haben.

- *Ich fürchte stecken zu bleiben, den Faden zu verlieren:*
  Sie haben doch Ihr Manuskript! Suchen Sie ruhig die Stelle, an der Sie anknüpfen können. Eine kleine Pause schadet nichts.
- *Ich fürchte, unsicher zu wirken, ausgelacht zu werden:*
  Die meisten Leute sind bei einem Vortrag nervös. Sagen Sie Ihrem Publikum, dass die Aufgabe für Sie ungewohnt ist: Sie werden Verständnis zeigen!
- --

Wenn Sie öfter vor der Aufgabe stehen, einen Vortrag zu halten oder Gruppen leiten zu müssen, hilft Ihnen vielleicht ein Kurs, in dem mit Video gearbeitet wird. Unser eigenes Auftreten ist uns oft nicht bewusst, wir kennen vielleicht unsere schlechten Angewohnheiten zu wenig.

Nach einer Prüfung wie nach einem Vortrag ist eine Schlussevaluation wichtig:

- Bin ich zufrieden?
- Was hat gut geklappt?
- Wo ergaben sich Probleme?
- Welche positiven Erfahrungen habe ich mit meinem Vorgehen gemacht?
- Was will ich nächstes Mal anders machen?
- Wo stehe ich heute, was sind meine nächsten Ziele?

Persönliche Schlussfolgerungen

Schlusswort

Wenn Sie das Buch durchgearbeitet haben, haben Sie zahlreiche Hinweise, Vorschläge, Übungsbeispiele erhalten, Fragen beantwortet und sich Gedanken zu vielen Aspekten des Lernens gemacht. Lassen Sie sich von der großen Zahl von Ratschlägen und Themen nicht entmutigen, sondern anregen. Es sind keine Rezepte, die stur und ungeprüft »nachgekocht« werden sollen, sondern die Sie nach Ihrem Geschmack abändern und nachwürzen können. Wichtig ist vor allem Ihre Erkenntnis, dass es viele Arten zu Lernen gibt und es Ihnen am besten gelingt, wenn Sie Ihre eigenen Ideen verwirklichen, Ihre eigene Ziele anstreben.

Ich hoffe, dass das Buch Ihnen geholfen hat, Ihren Stil zu finden und wünsche Ihnen viel Spaß und Erfolg beim Lernen!

Anhang

Antworten und Lösungsvorschläge zu den Übungen

Bei allen Übungen sind verschiedene Lösungen möglich. Entscheiden Sie selbst, ob Ihre Antworten zutreffen. Einige Beispiele sind hier angegeben; sie stellen aber nur eine Auswahl zur Illustration dar, keineswegs die einzigen richtigen Antworten.

Beispiele von Fragen (zu Seite 37)

- Die Teilnahmequote der Männer ist bei der beruflichen Weiterbildung höher als bei Frauen. Welcher Schluss lässt sich daraus ziehen? Wie sind die Quoten bei allgemein bildenden Kursen?
- Warum bilden sich Personen, die bereits eine gute Ausbildung haben, eher weiter als solche, deren Erstausbildung geringer ist?
- Welche sind meine eigenen Weiterbildungsmotive?
- Welches sind Gemeinsamkeiten und welches die Unterschiede, die sich beim Vergleich der Lernfähigkeit von Jugendlichen und Erwachsenen ergeben? Was bedeuten sie für mich?
- Wie definiere ich Lernen?
- Was versteht man unter Lerntechniken?
- Welches Fallbeispiel lässt sich auf meine Situation übertragen?
  usw.

Mögliche Fragen (zu Seite 125)

- Wie gehe ich vor, wenn ich einen schwierigen Text lesen muss?
- Gibt es Lesetechniken, die das Verständnis erleichtern?
- Will ich mein bisheriges Vorgehen überprüfen?
- Welche Arten von Notizen gibt es?
- Für welche Texte sind sie geeignet?
- Welche Techniken zum Markieren eines Textes werden empfohlen?
- Welche will ich anwenden?
  usw.

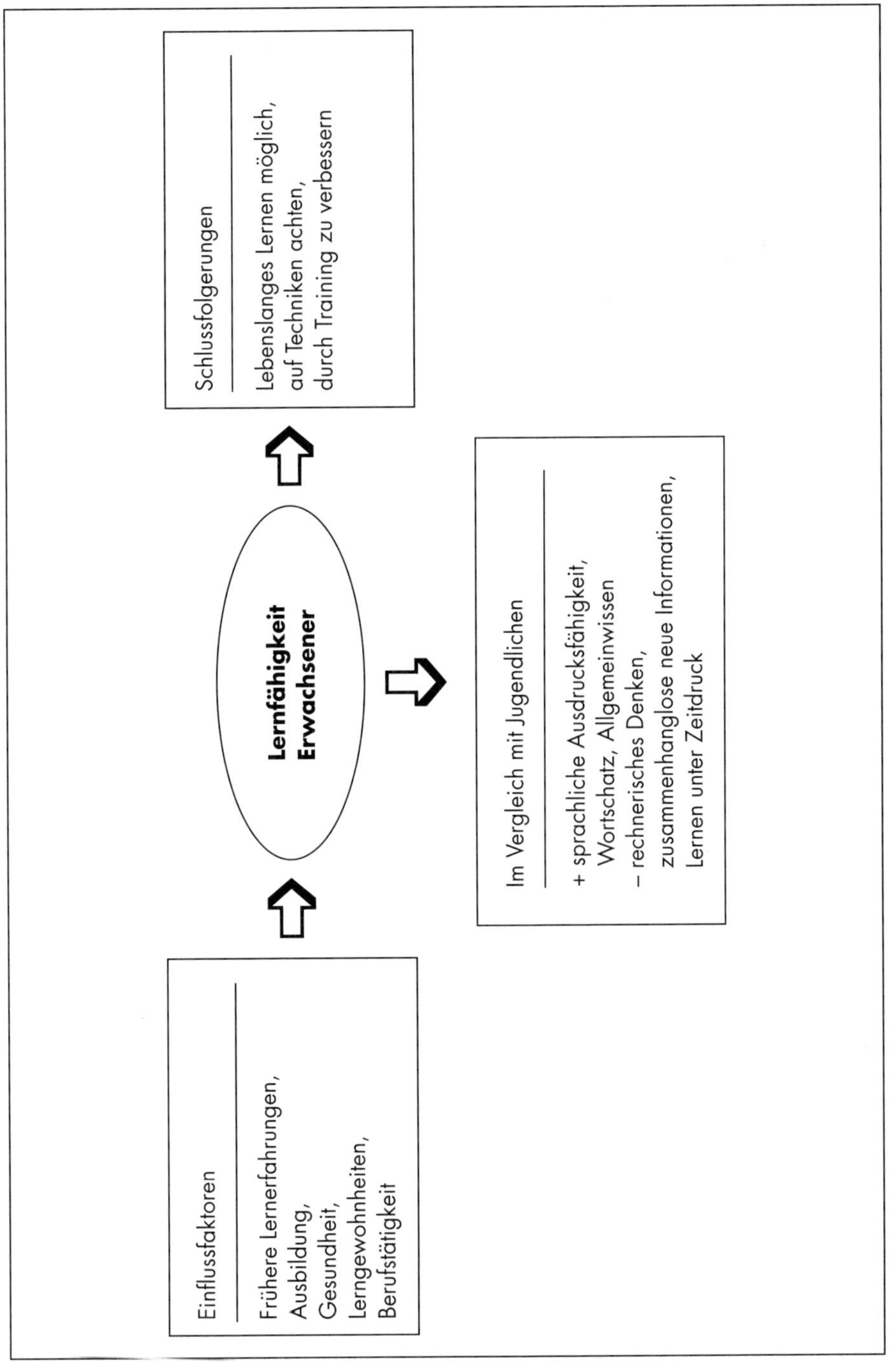
Einflussfaktoren
Frühere Lernerfahrungen,
Ausbildung,
Gesundheit,
Lerngewohnheiten,
Berufstätigkeit
Lernfähigkeit Erwachsener
Schlussfolgerungen
Lebenslanges Lernen möglich,
auf Techniken achten,
durch Training zu verbessern
Im Vergleich mit Jugendlichen
+ sprachliche Ausdrucksfähigkeit,
Wortschatz, Allgemeinwissen
– rechnerisches Denken,
zusammenhanglose neue Informationen,
Lernen unter Zeitdruck

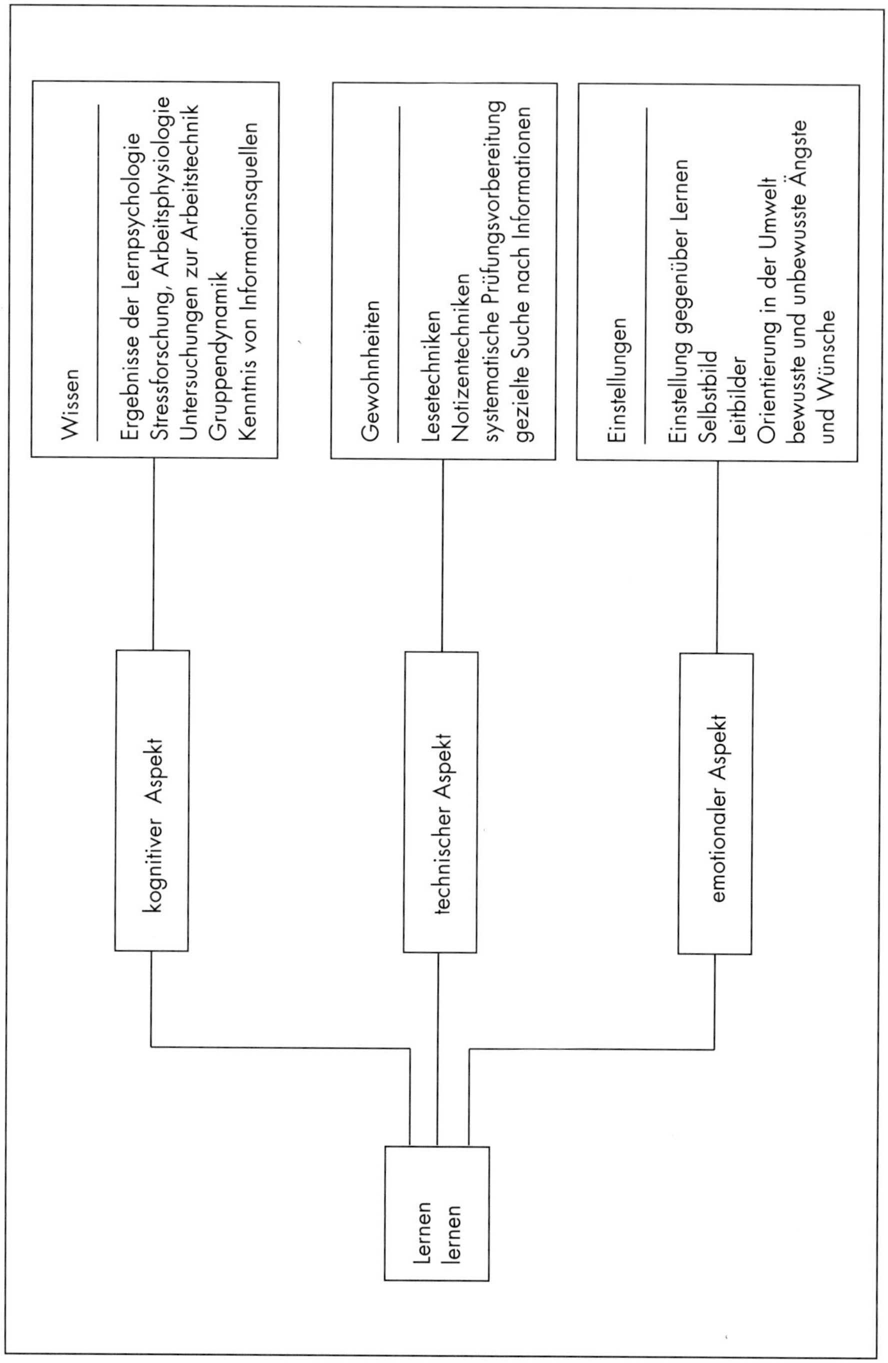
Lernen lernen
kognitiver Aspekt
technischer Aspekt
emotionaler Aspekt
Wissen
Ergebnisse der Lernpsychologie
Stressforschung, Arbeitsphysiologie
Untersuchungen zur Arbeitstechnik
Gruppendynamik
Kenntnis von Informationsquellen
Gewohnheiten
Lesetechniken
Notizentechniken
systematische Prüfungsvorbereitung
gezielte Suche nach Informationen
Einstellungen
Einstellung gegenüber Lernen
Selbstbild
Leitbilder
Orientierung in der Umwelt
bewusste und unbewusste Ängste
und Wünsche

Lerngesetze – Zusammenfassung		
Bezeichnung	Beschreibung	Schlussfolgerung
A. Signallernen	Elementare Lernform, Übertragung von Gefühlen und Erwartungen von einer Situation auf zukünftige	Überprüfen von Widerständen und Abneigungen gegenüber bestimmten Fächern und Inhalten
B. Versuch und Irrtum	Austesten verschiedener Vorgehensweisen, Lernen der erfolgreichen	Aus Fehlern lernen können, Rückbestätigung, Lernkontrolle ist wichtig
C. Einsichtiges Lernen	Einzelbeobachtungen und Erfahrungen werden in Zusammenhänge gebracht, geordnet	Bewusste Einbeziehung früherer Erkenntnisse, Ausgehen von Überblick
D. Soziales Lernen	Durch Nachahmung und durch positive Motivation guter Lernerfolg in Gruppen	Möglichkeiten des Austausches, der Zusammenarbeit suchen
E. Individuelle Wege	Bester Lernerfolg bei Berücksichtigung des Wissensstandes der Lernenden, Rückfragen	Aufbau, Gliederung und Tempo entsprechend dem eigenen Lernstand
F. Eigenes Tun	Größerer Lernerfolg bei eigenem Tun, selbstständigem Lernen	Eigene Gliederung, Zusammenfassung erstellen, nach Anwendungen suchen
G. Sinnvolle Planung	Größerer Lernerfolg bei Verteilung des Lernstoffes	Öfter kürzere Lernetappen statt überlanger einzelner
H. Gedächtnisforschung	Behalten wird, was sinnvoll verknüpft werden kann	Bewusstes Verknüpfen, Einsetzen von Gedächtnistechniken

Zu Seite 133:
Fragen zum Kurs »Sicherer auftreten – Redetraining«

- Kann man das freie Sprechen üben?
- Wie kann ich mein Lampenfieber bekämpfen?
- Soll ich auswendig sprechen oder vom Blatt ablesen?
- Wie muss ich einen Vortrag aufbauen?
- Wie kann ich ihn auflockern?
- Wie wirke ich auf andere? usw.

Quellenverzeichnis

Fischer, T.: Didaktische Konzepte der Lernförderung bei Lernproblemen in der Berufsbildung Erwachsener. Bundesinstitut für Berufsbildung, Berlin 1987. S. 166.

Abb. aus Steiner, G.: Lernen. 20 Szenarien aus dem Alltag. Hans Huber, Bern 1988. S. 241 (übernommen aus Aebli 1976, S. 243).

Abb. aus Vester, F.: Denken, Lernen, Vergessen. Deutsche Verlags-Anstalt, Stuttgart 1975, S. 54.

Bildnachweis

Randspaltensymbole von Ulrike Rath, Aachen.

Zeichnungen auf den Seiten 11, 59, 72, 85, 112, 119, 148, 172 und 193 von Amelie Holtfreter-Glienke, Berlin.

Literaturverzeichnis

Brühwiler, H.: Methoden in der Erwachsenenbildung. paeda media, Thalwil/Zürich 1989.

Bundesamt für Statistik: Weiterbildung in der Schweiz; Befragung 1993. Bern 1995.

Bundesministerium für Bildung, Wissenschaft, Forschung und Technologie: Weiterbildung in Deutschland. Beitrag zur 5. UNESCO-Weltkonferenz »Lernen im Erwachsenenalter«. Hamburg 1997.

Buchacher, W.: Wieviele Österreicher bilden sich weiter? In: Erwachsenenbildung Österreich 3/89.

Döring, K.W.: Lehren in der Erwachsenenbildung. Deutscher Studien Verlag, Weinheim ^{5}1995.

Edholm, O.G.: Probleme der Arbeitswissenschaft. Kindler Verlag, München 1967.

Endres, Wolfgang u.a.: So macht Lernen Spaß. Praktische Lerntipps für Schüler und Schülerinnen. Beltz Verlag, Weinheim und Basel ^{15}1997.

Eppler, M.J.: Persönliche Informations-Portfolios. Ein integriertes Konzept für die individuelle Informationsbewirtschaftung. Diplomarbeit, Hochschule St. Gallen 1995.

Frey, K.: Auswirkungen der Computerbenutzung im Bildungswesen. Ein Überblick über den heutigen Stand des empirischen Wissens. In: Bildungsforschung und Bildungspraxis ^{2}1989.

Grandjean, E.: Physiologische Arbeitsgestaltung. Leitfaden der Ergonomie. Ott-Verlag, Thun/München 1967.

Groeben, N.: Leserpsychologie. Textverständnis, Textverständlichkeit. Aschendorf, Münster 1982.

Groeben, N./Vorderer, P.: Leserpsychologie. Lesemotivation, Lektürewirkung. Aschendorf, Münster 1988.

Heidack, C. (Hrsg.): Lernen der Zukunft. Kooperative Selbstqualifikation – die effektivste Form der Aus- und Weiterbildung im Betrieb. Lexika Verlag, München 1989.

Laurillard, D.: Computers and the Emancipation of Students: Giving Control to the Learner. In: Improving Learning. New Perspectives. Ed. by P. Ramsden. Kogan Page Ltd., London 1988.

Lifelong Education for Adults. An International Handbook. Ed. by C.J. Titmus. Pergamon Press, Oxford/UK 1989.

Meueler, E.: Erwachsene lernen. Beschreibung, Anstöße, Erfahrungen. Klett-Cotta, Stuttgart 1986.

Postman, N./Weingartner, C.: Fragen und Lernen. März-Verlag, Frankfurt a.M. 1972.

Prokop, E.: Orientierungsdaten für die Erwachsenenbildung. Impulse aus der Wissenschaft vom Lehren und Lernen. Kösel-Verlag, München 1985.

Schiffler, L.: Suggestopädie und Superlearning – empirisch geprüft. Verlag Moritz Diesterweg, Frankfurt a.M. 1989 (zitiert in: Psychologie heute 10/89).

Schönherr, K.W.: Beiträge zur Weiterbildung durch das Hochschulfernstudium. Eine Auswahl. Zusammengestellt von A. Storch. AKAD, Stuttgart 1996.

Schräder-Naef, R.: Keine Zeit? Sinnvolle Zeiteinteilung im Alltag. Beltz Verlag, Weinheim und Basel [3]1993.

Schräder-Naef, R.: Informationsflut – Gezielt suchen, kritisch bewerten, rationell speichern. Beltz Verlag, Weinheim und Basel 1993.

Schräder-Naef, R.: Der Lern-Trainer für die Oberstufe. Beltz Verlag, Weinheim und Basel [2]1992.

Schräder-Naef, R. u.a.: Rationeller Lernen lernen. Ratschläge und Übungen für alle Wißbegierigen. Beltz Verlag, Weinheim und Basel [18]1994.

Schräder-Naef, R. u.a.: Warum Erwachsene (nicht) lernen. Zum Lern- und Weiterbildungsverhalten Erwachsener in der Schweiz. Rüegger-Verlag, Chur/Zürich 1997.

Sommer, W.: Neue Medien in der Aus- und Weiterbildung. Erich Schmidt, Berlin 1987.

Steiner, G.: Lernen. 20 Szenarien aus dem Alltag. Hans Huber, Bern 1988.

Vontobel, W.: Superlearning: Nicht alle hielten durch. In: SonntagsZeitung. Zürich 17.9.89.

Vester, F.: Denken, Lernen, Vergessen. Deutsche Verlags-Anstalt, Stuttgart 1975.

Wember, B.: Wie informiert das Fernsehen? Ein Indizienbeweis. List Verlag, München 1976.

Zimmer, D.: Schlaf, der sanfte Tyrann. ZEIT-Magazin 13-16/83.

Zdarzil, H./Olechowski, R.: Anthropologie und Psychologie des Erwachsenen. Kohlhammer, Stuttgart 1976.

W BELTZ WEITERBILDUNG

Regina Mahlmann
Selbsttraining für Führungskräfte
Ein Leitfaden zur Analyse der eigenen Führungspersönlichkeit und eine Anleitung zum »persönlichen Change Management«.
248 Seiten. Zahlr. Abb. Pappband.
ISBN 3-407-36338-9

Ihre beste Mitarbeiterin wechselt die Abteilung. Überraschend erhalten Sie die Verantwortung für ein neues Projekt. Der vorgesehene Abgabetermin wird um eine Woche vorgezogen. Wie fühlen Sie sich dabei? Wie planen Sie? Wie gehen Sie damit um? – Lernen Sie mit Hilfe dieses Buches Ihre Stärken und Schwächen kennen. Hier erhalten Sie das notwendige psychologische Grundwissen.
Zahlreiche Selbsteinschätzungstests, Analysen von Fallsituationen sowie Anregungen zur praktischen Umsetzung helfen persönliche Neigungen und Stärken kennen zu lernen.

Aus dem Inhalt:
Grundmotivationen menschlichen Handelns; Test: Persönliche Präferenzen erkennen; Strategien für den Umgang mit Veränderungen; Neubestimmung der Führungsfunktion; Die Führungsrollen Coach, Leader und Kulturmanager.

Birgit Westerholt
Frauen können führen
Mut zur Karriere: Fähigkeiten erkennen, Barrieren überwinden, Kompetenzen erweitern
263 Seiten. Zahlr. Abb. Pappband.
ISBN 3-407-36335-4

Dem weiblichen Führungsstil gehört die Zukunft! Frauen führen anders: mitarbeiterorientiert, motivierend und kommunikativ. Genau das ist heute gefragt!
Warum gelingt dennoch so wenigen Frauen der berufliche Aufstieg? Was bremst sie? Wie können Frauen dies ändern? Birgit Westerholt untersucht kritisch die heutige Situation, stellt Führungskonzepte vor und Frauen, die es geschafft haben. Zahlreiche Übungen und Checklisten helfen die eigenen Stärken zu erkennen. Die Autorin gibt praktische Anregungen für den Arbeitsalltag und den gezielten Einsatz weiblicher Stärken.

»Ein Berufsratgeber für Frauen, die ihre Karriere selbst in die Hand nehmen wollen.«
»Euro«-Wirtschaftsmagazin

Aus dem Inhalt:
Karriere-Frau und Karriere-Mann; Mitarbeiterführung; Weibliche Stärken; Überwindung von Barrieren; Mitarbeiter motivieren; Konflikte als Chance; Delegieren von Aufgaben.

Edith Stork
Logistik im Büro
Unordnung kostet Geld.
117 Seiten. Zahlr. Abb. Pappband.
ISBN 3-407-36333-8

Verschwenden Sie ab sofort keine Zeit mehr mit unnützem Suchen! Lassen Sie sich von Edith Stork einfach den schnellen Weg zur perfekten Ordnung zeigen. Sie optimieren Ihr Ablagesystem so, dass Sie alle Schriftstücke sofort haben. Akten, Hängemappen und Ordner erhalten eine einheitliche Beschriftung. Auch andere Mitarbeiter finden so umgehend die gesuchten Dokumente. Denn bei allen herrscht die gleiche Ordnung.
Das andere Chaos, das kreative, das produktive, bleibt Ihnen dort erhalten, wo Sie es für Ihre Interessen und Ihre Visionen brauchen. Endlich ist der Kopf frei für die eigentlichen Aufgaben!

»Dieser Leitfaden verhilft Ihnen zu einer optimalen Büroorganisation.«
bsb aktuell

Aus dem Inhalt:
Teamfähigkeit der Ablage; Kostenminimierung; Verantwortung für Büroräume; Zeit erwirtschaften.

Wolfgang Hovestädt
Sich selbst organisieren
Weg vom Zeitdruck: Wie man sich die Arbeit erleichtern kann.
128 Seiten. Zahlr. Abb. Pappband.
ISBN 3-407-36331-1

Wie kommt es, dass manche Leute in den 168 Stunden einer Woche so viel schaffen? Warum erscheinen andere dagegen stets gestresst und abgehetzt?
Dauerstress, Arbeitsüberlastung, Hektik und überladene Schreibtische sind Symptome, die Zeit und Energie fressen. Sie kosten Nerven, belasten das Arbeitsklima und die Ergebnisse. Was fehlt, sind Techniken, mit denen man die eigene Zeit und die Aufgaben besser in den Griff bekommt. Denn eines hat man nirgends gelernt: *Wie plant und organisiert man seine Arbeit?*
Mit diesem Buch können Sie Ihren persönlichen Leistungshemmnissen auf die Spur kommen. Anhand praktischer Beispiele hilft es Ihnen, die Möglichkeiten zur Verbesserung der eigenen Arbeitsorganisation zu erkennen und anzuwenden.

Aus dem Inhalt:
Ziele setzen und einhalten; Arbeitsabläufe verbessern; Grundregeln und Techniken zur Zeitplanung.

Beltz Verlag · Postfach 100154 · 69441 Weinheim

B0320

W BELTZ WEITERBILDUNG

Michael Reddy
Mitarbeiter beraten
Kollegiale Hilfe zur Selbsthilfe.
197 Seiten. 20 Abb. Pappband.
ISBN 3-407-36328-1

Der Mensch ist der wichtigste Aktivposten eines Unternehmens. Erfolg und Misserfolg hängen davon ab, ob ein effektives und relativ zufrieden stellendes Arbeiten möglich ist.
Unter diesen Gesichtspunkten kann Beratung als ein besonders kostengünstiges Mittel zur Verbesserung der Arbeitsleistung angesehen werden. Doch eine gute Beratung will gelernt sein.
Michael Reddy versteht darunter in erster Linie die Hilfe zur Selbsthilfe. Die Betroffenen sollen in die Lage versetzt werden, selbst die Lösung ihres Problems herbeizuführen.
Er beschreibt ausführlich die drei wichtigsten Phasen des Beratungsprozesses mit den dazugehörigen Fähigkeiten, Techniken und Einstellungen, die ein guter Berater haben sollte. Zahlreiche Beispiele aus der Praxis verdeutlichen die Ausführungen.

Aus dem Inhalt:
Was ist Beratung und wie wirkt sie? Die drei Phasen der Beratung; Die Beratungstechniken; Eigenschaften eines Beraters; Karriereberatung; Beratung und das Unternehmen.

Gabriele Stöger
Besser im Team
Stärken erkennen und nutzen.
142 Seiten. 27 Abb. Pappband.
ISBN 3-407-36327-3

Lernen Sie sich und Ihr Team besser kennen. In diesem Buch wird eine Persönlichkeitstypologie entwickelt, die es erlaubt, Ihre eigenen Stärken und Schwächen sowie die Ihres Teams zu erkennen. Zahlreiche Fallbeispiele erleichtern die Umsetzung in die Praxis.
Damit Teams wirklich effektiv zusammenarbeiten, müssen sich die Teammitglieder optimal aufeinander einstellen können. Die unterschiedlichen Persönlichkeiten müssen mit ihren spezifischen Stärken voll zur Entfaltung kommen.

»Für Macher, Pragmatiker und Anhänger des täglich gelebten Lernenden Unternehmens ist das Buch Evangelium. (...) Das Buch ist das Zen der Teamentwicklung.«
PERSONAL POTENTIAL

Aus dem Inhalt:
Woher kommt Ihr Ärger; Lernen Sie sich kennen; Fragebogen zur Analyse Ihres Persönlichkeitstyps; Die Persönlichkeitstypen; Lernen Sie Ihr Team kennen; Fallbeispiele.

Friedrich Graf-Götz / Hans Glatz
Organisation gestalten
Neue Wege und Konzepte für Organisationsentwicklung und Selbstmanagement.
273 Seiten. Zahlr. Abb. Pappband.
ISBN 3-407-36337-0

Organisationen stehen vor der Herausforderung, sich in einer dynamischen Umwelt behaupten zu müssen. Nachdem das traditionelle, hierarchisch und funktional gegliederte Organisationsmodell zunehmend versagt, wird immer mehr auf einen neuen, Ansatz gesetzt: die Selbstorganisation.
Die Sicherheit gewohnter Strukturen wird dabei verlassen und jeder Mitarbeiter muss sich im eigenen Aufgabenbereich bewusst mit Fragen zweckmäßiger Organisationsgestaltung auseinandersetzen.
In diesem Buch werden knapp und verständlich verschiedene Wege und Konzepte für die Gestaltung von Geschäftsprozessen in Organisationen vorgestellt. Mit Hilfe von Übungen und Checklisten kann der Leser seine eigene Organisationsrealität aus den verschiedensten Perspektiven überprüfen.

Aus dem Inhalt:
Veränderungen in Organisationen herbeiführen und gestalten; Organisationsgestaltung und Selbstmanagement.

Martin Hartmann/Michael Rieger/ Brigitte Pajonk
Zielgerichtet moderieren
Ein Handbuch für Führungskräfte, Berater und Trainer.
156 Seiten. Zahlr. Abb. Pappband.
ISBN 3-407-36334-6

In vielen Unternehmen und Organisationen spricht es sich herum: gut moderierte Gruppen sind einfach effizienter. Die Zusammenarbeit verläuft zufriedenstellender, die Ergebnisse erfüllen höchste Ansprüche und werden von allen Gruppenmitgliedern getragen. Und die Chance, dass derartige Ergebnisse in der Praxis auch wirklich zur Anwendung gelangen, steigt enorm.

»Dieses Buch ist ein idealer Leitfaden für Moderationen.«
conferencing

»Fazit: Ein überzeugendes Buch, das Schritt für Schritt den Weg in moderierte Besprechungen zeigt.«
TRAINING aktuell

Aus dem Inhalt:
Was bedeutet Moderation? Die Stärken der Methode; Wie wird eine zielgerichtete Moderation vorbereitet? Wie sieht der Ablauf einer moderierten Sitzung aus? Umfangreiche Checklisten für die Praxis.

Beltz Verlag · Postfach 100154 · 69441 Weinheim

B0321